辉煌中国

MODERN CHINA'S INGENUITY

辉煌中国
MODERN CHINA'S
INGENUITY

"辉煌中国"丛书

洪向华 主编

辉煌中国

CIPG China Foreign Languages Publishing Administration 中国外文出版发行事业局
外文出版社 FOREIGN LANGUAGES PRESS

港珠澳大桥

长江三峡工程全景图

上海中心大厦

一列复兴号动车组列车驶出北京南站

青藏铁路

NJ₂0007
NJ₂0047

青藏公路

北京大兴国际机场

"中国天眼"——500 米口径球面射电望远镜(Five-hundred-meter Aperture Spherical Radio Telescope),简称 FAST。

2020 年 11 月 24 日 4 时 30 分，长征五号遥五运载火箭在中国文昌航天发射场点火升空，运送嫦娥五号探测器至地月转移轨道。

4500 米级载人潜水器深海勇士号在海南三沙作业

总　序

习近平总书记指出："中国发展道路，就是中国特色社会主义道路。我们走这条道路，是历史的选择、人民的选择。"

新中国成立70多年来，特别是改革开放40多年来，中国人民沿着这条道路取得了举世瞩目的成就。中国已成为世界第二大经济体，14亿人民生活不断改善，创造了人类减贫史上的奇迹，中华民族实现了从站起来、富起来到强起来的伟大飞跃。

回望，是为了更好地出发。"辉煌中国"丛书，旨在全面反映中国各领域发展成果，特别是党的十八大以来党和国家各项事业发生的历史性变革和取得的巨大成就，深刻解读自新中国成立以来党和人民的奋斗实践，深刻解读中国历史性变革中蕴藏的内在逻辑，讲好中国共产党故事，讲好新中国故事，讲好新时代中国特色社会主义故事。

公路成网，铁路密布，高坝矗立，西气东输，南水北调，神舟飞天，嫦娥奔月，蛟龙入海，高铁纵横，世界第一制造大国出品的大国工程、大国重器，给了我们中国底气。

人民幼有所育、学有所教、劳有所得、病有所医、老有所养、住有所居、弱有所扶，物质文明和精神文明双丰收的行业成就，处处彰显了中国实力。

经济特区、沿海开放城市、自由贸易试验区、少数民族地区、特色旅游城市，多姿多彩的中国省市释放出中国活力。

工程重器、行业成就、省市发展，见证了中国人民筚路蓝缕、砥砺奋进，沿着中国道路一路走来的不易与艰辛，也见证了中国的今天，是中国人民干出来的。

眺望，是为了找到前行的方向。2021 年是中国共产党成立 100 周年，在中国特色社会主义进入新时代的当下，在两个“一百年”的交汇期，中国人民正在中国共产党的领导下，为把中国建设成为富强民主文明和谐美丽的社会主义现代化强国而奋斗。希望这套书能够帮助我们在见证中国辉煌成就的同时，站在新的历史方位，踏上新的征程。

杜占元

中国外文出版发行事业局局长

2020 年 12 月

序　言

1949年6月15日，毛泽东在新政治协商会议筹备会上发表讲话，他说："中国人民将会看见，中国的命运一经操在人民自己的手里，中国就将如太阳升起在东方那样，以自己的辉煌的光焰普照大地，迅速地荡涤反动政府留下来的污泥浊水，治好战争的创伤，建设起一个崭新的强盛的名副其实的人民共和国。"

1949年10月1日，毛泽东在天安门城楼上的庄严宣告标志着中国人民从此站了起来。在中国共产党的领导下，中国人民怀着满腔热血，投入到社会主义建设中去。"开国大典""第一座长江大桥落成""两弹爆炸成功""东方红一号升天""中国恢复在联合国的合法席位""小岗破冰""深圳兴涛""海南弄潮""浦东逐浪""雄安扬波"…… 这一个个鲜活的历史坐标，记录了中国人民团结一心、不懈奋斗，让无数"不可能"变成"可能"的中国智慧与中国力量。在这风雨兼程的艰难探索中，我们开辟了中国特色社会主义道路，形成了中国特色社会主义理论体系，确立了中国特色社会主义制度，发展了中国特色社会主义文化；我们进入了新时代，即将取得脱贫攻坚战的全面胜利，全面建成小康社会，开启全面建设社会主义现代化国家新征程。

在即将迎来中国共产党成立100周年之际，我们要多角度、多方位、多领域、多层次地总结自中国共产党执政以来，新中国所取得的辉煌成就。习近平总书记指出，发展必须是科学发展，必须坚定不移贯彻创新、协调、绿色、开放、共享的发展理念。创新是引领发展的第一动力，创新发展注重的是解决发展动力问题。协调是持续健康发展的内在要求，协调发展注重的是解决发展不平衡问题。绿色是永续发展的必要条件和人民对美好生活追求的重要体现，绿色发展注重的是解决人与自然和谐共生问题。开放是国家繁荣发展的必由之路，开放发展注重的是解决发展内外联动问题。共享是中国特色社会主义的本质要求，共享发展注重的是解决社会公平正义问题。这是在深刻总结国内外发展经验教训、深刻分析国内外发展大势的基础上形成的，这是针对中国发展中的突出矛盾和问题提出来的，也可以说，这是在总结新中国成立以来辉煌成就的基础上得出来的。新发展理念进一步科学回答了实现什么样的发展、怎样实现发展的问题。

回望新中国自成立以来走过的道路和取得的成就，再一次以不可辩驳的事实证明了，只有共产党才可以救中国，只有共产党才可以发展中国，发展是解决中国一切问题的基础和关键。因此，作为“辉煌中国”系列的总卷，我们以“创新、协调、绿色、开放、共享”五大发展理念为核心脉络和内容架构，集中展现中国人民在中国共产党的领导下，披荆斩棘、砥砺奋进所绘就的发展宏图和辉煌成就。希望我们这一探索性的总结能给人们以新的启迪。

洪向华

2020 年 12 月

目录

第一章

超级工程：
托起伟大中国梦

新中国成立 70 多年以来，中国人民创造了许多举世瞩目的成就。其中一系列超级工程的竣工，不断创造世界奇迹。每一个超级工程的背后，都凝聚着几代中国人奋斗的汗水，体现了中国科技与经济实力的提升与飞跃，具有里程碑式的意义。

一、从武汉长江大桥到港珠澳大桥

（一）“一桥飞架南北，天堑变通途”——武汉长江大桥

武汉长江大桥位于湖北省武汉市武昌蛇山和汉阳龟山之间的江面上，是新中国成立后建成的第一项超级工程，被称为“万里长江第一桥”。

1949 年 9 月，中华人民共和国即将成立，李文骥、茅以升等一批科学家、工程师向中央人民政府上报《筹建武汉纪念桥建议书》，提议建设武汉长江大桥，作为“新民主主义革命成功的纪念建筑”，并详述前四次规划的经过和受挫的原因，论述当时中国能建成大桥的可能性与具体工程内容、经费预算等。中央人民政府对此十分重视，1949 年 9 月 21 日至 30 日，中国人民政治协商会议第一届全体会议召开，会议上通过建造长江大桥的议案，并于 1949 年底电邀李文骥、茅以升等桥梁专家赴京，共商建桥事宜。

1950年，滕代远将军刚刚接手主持全国铁路工作不久，就根据中央人民政府的指示着手筹划修建武汉长江大桥，并进行初步勘探调查。1952年成立了大桥设计事务所，以梅旸春工程师为主成立了测量钻探队，取得第一手资料。武汉长江大桥工程被看作是中国发展国民经济第一个五年计划的国家重点工程，新中国举全国之力，调集最优秀的工程师、技术工人及各方面人才，组成大桥工程局，修建长江大桥。

大桥先后作了八个桥址线方案，专家们逐一进行了缜密研究。所有的方案有一个共同特点：利用长江两岸的山丘，缩短引桥和路堤的长度。1954年1月21日，周恩来主持召开政务院第203次会议，听取了滕代远等人关于筹建武汉长江大桥的情况报告，讨论通过了《关于修建武汉长江大桥的决议》。政务院正式任命彭敏为武汉大桥工程局局长，杨在田、崔文炳任副局长；中共武汉市委书记王任重兼任大桥工程局政委。会议同时批准了1958年底铁路通车和1959年9月底公路通车的竣工期限。

武汉长江大桥

1955 年 2 月 3 日，滕代远亲自主持召开武汉长江大桥技术顾问委员会，聘任著名桥梁专家茅以升为主任委员。9 月 1 日，武汉长江大桥工程就在党和政府的高度重视与关怀下，在全国人民的支援下，开工了。

1957 年 10 月，武汉长江大桥建成通车。这座大桥全长 1670.4 米，高度达 35 米的桥头堡耸立在两岸。正桥是铁路公路两用的双层钢木结构梁桥，上层为公路桥，下层为双线铁路桥，桥身共有八墩九孔，每孔跨度为 128 米，桥下可通万吨巨轮，八个桥墩除第七墩外，其他都采用“大型管柱钻孔法”，这是由中国桥梁工作者首创的新型施工方法，凝聚着中国桥梁工作者的智慧和精湛的工艺，体现了中国人在困难条件下敢于革新创造的胆略与魄力。

武汉长江大桥是新中国成立后在“天堑”长江上修建的第一座大桥，是新中国国家建设的重要标志。它也是古往今来，长江上的第一座大桥，是新中国第一座复线铁路、公路两用桥。滕代远将军在回忆录里写道：“我认为武汉长江大桥又经济，又坚固，又美观，又迅速，又安全。这个桥的质量至少保证一百年。”

“一桥飞架南北，天堑变通途”，武汉长江大桥的建成，使火车由轮渡过江的一个小时缩短为两分钟。截至 2018 年 6 月 14 日，武汉长江大桥单日通行车流量为 10 万多辆车次、300 余列火车车次，在中国国民经济建设中发挥了无可替代的作用。作为横跨万里长江的第一座大桥，武汉长江大桥让中国迈出了大型桥梁建设的第一步，成为“中国桥梁”世界征程的起点。

（二）世界桥梁史上的巅峰之作——港珠澳大桥

港珠澳大桥是中国建设史上里程最长、投资最多、施工难度最大的跨海桥梁，是中国境内一座连接香港、珠海、澳门的桥隧工程。大桥于2009年12月15日在珠海动工，2018年10月23日建成通车，这条被誉为工程界“珠穆朗玛峰”的世纪桥梁一经竣工，便聚焦了全世界的目光。这一项超级工程，在中国甚至是世界桥梁建设史上都堪称巅峰之作。它连起了世界最具活力的经济区，这条快速通道的建成对香港、珠海、澳门三地经济社会一体化意义深远。

港珠澳大桥造价超过720亿元，饱含着中国对这伟大工程的重视。港珠澳大桥项目跨越伶仃洋，东接香港，西接珠海和澳门，是在“一国两制”框架下粤港澳三地首次合作建设的大型跨海交通工程，由中央以及粤港澳三地政府共同出资兴建，全长55公里。其中主体工程“海中桥隧”长达35.578公里，相当于9座深圳湾公路大桥。大桥所使用的钢铁材料，足足可以建造60个法国巴黎的埃菲尔铁塔。“最长跨海大桥”“最长海底隧道”“世界上埋入海底最深、技术难度最高的沉管隧道”“世界首创深插式钢圆筒快速成岛技术”……这一连串的词汇既凸显了这项超级工程的辉煌成就，也从侧面反映了这项工程的艰巨复杂。港珠澳大桥最令人震撼的不是人们想象的高耸入云的桥身，而是深埋在海底的33个沉管组成的6.7公里的海底隧道。这是大桥建设最复杂、难度最高的地方。因为在此之前，世界上最长的海底隧道不过3公里。修建时，荷兰的外海沉管安装公司开价15亿元，但被中国工程师拒绝了。“只有走自我研发之路，才能掌握核心技术，攻克难题。”复杂的海床结构，恶劣的自然环境，超长的跨海距离，工程师们要挑战海上建桥的极限。伶仃洋上的每一次台风、巨浪、地震甚至是海水侵蚀，对大桥来说都是致命的威胁。所有的技术难题最后全靠中国人自主攻克，中国工程师们前后花了四年的时间，完成了所有沉管的衔接。中国工程师也用这份优秀的作品向世人证明中国人的智慧和中国的强大。

从澳门和珠海方向伸出的桥梁在离岸后不久汇合并继续向香港方向延伸。与此同时，从香港伸出的部分则指向大陆，而在伶仃洋中部，两地的桥梁却没有在水面以上合龙。当两岸的水上桥梁相向延伸到一半时，工程师们在水域中间建起两座人工岛与之对接了起来。然后两座人工岛中间铺设海底隧道，将整座桥梁贯通。为什么中间一段必须修隧道，而不能全部架长桥呢？这样设计的原因在于：一方面香港与大陆之间的伶仃洋水域是一条相当繁忙的航线，每天约有 4000 多艘船只通航，截至目前已经达到 10 万吨级的通航水平，未来达到 30 万吨的通航等级也并非难事。如果在水面以上建桥，为了不影响轮船通行，则桥面距离水面至少要达到 80 米以上，这样一来，桥塔的高度就要超过 200 米。除了 200 米高建筑的施工难度，香港机场周围也不能出现这样的建筑。根据香港机场的安全要求，超过 88 米的建筑矗立在飞行航线上，飞机就不能起飞，更不用说是 200 多米高的桥塔了。既然水上的路走不通，那就只好在水下做文章，于是海底隧道的想法应运而生。选择“隧道工程”的另一个重要原因就是“阻水率”。在这项工程上，阻水率一旦超过 10%，水流携带的泥沙便很容易淤积，时间久了就会阻塞航道。而伶仃洋海域恰恰属于典型的弱洋流区域，海水流速缓慢，如果建成传统长桥，那么如篱笆桩一样的桥墩势必会把泥沙阻挡在桥下，久而久之，船只的通行就成了大问题。因此选择采用这种桥隧结构，让大桥既美观实用又安全可靠，还有效解决了海运与空运的问题。

在“一国两制”框架下，粤港澳首次共建重大跨海交通工程是个全新的重大课题。在中央层面，国务院决定由国家发改委牵头成立“港珠澳大桥专责小组”，协调各方，推动解决口岸设置、投融资安排、通航与锚地、中华白海豚保护等方面的难题。针对粤港澳三地共建共管的特性，在现有法律法规基础上，大桥建立了三地政府共建共管的决策机制以及三地运营管理平台，港珠澳大桥管理局就是这个共管机制的执行单位。据港珠澳大桥管理局局长朱永灵回忆，三地“共建共管”是在大桥建设中逐渐形成并完善的。2003 年确定建设港珠澳大桥时，大家只有共同的愿望，怎么建，建在哪里，落脚点在哪里，那时一切都不确定。这期间做了十多个组合方案，进行了 150 多项专题论证，比如大桥主体工程选用何种投融资模式，三方出资比例多少。因为三地合作建设跨境工程涉及法律、程序、技术、管理等诸多复杂问题，导致方案讨论长达 5 年之久。

2018 年 10 月 23 日，港珠澳大桥正式通车。人们驾车从香港到珠海不需要再绕经虎门大桥，通行速度 100 千米 / 小时，耗时由 3 个多小时缩减为 45 分钟，港珠澳形成一小时生活圈。香港，这座 1100 平方公里、超过 700 万人口的城市，因国际金融、进出口贸易、旅游的繁荣而成为亚洲大陆上最活跃的地区。珠海，一座从渔村发展起来的新城市，被誉为中国最适合居住的海滨城市之一。澳门，仅 21 平方公里的土地上生活着 40 万居民，是世界上人口密度最大的地区之一。港珠澳大桥将这三座城市连接在一起，香港因此获得更大的发展空间，珠海能够借助香港的经济优势快速成长，澳门也将获得更多的旅游市场资源。港珠澳大桥，配合国家对外开放战略，能更好发挥香港作为“一带一路”连接点的作用，提升大湾区整体科创能力。

从武汉长江大桥到港珠澳大桥的建成通车，中国工程师们用科技和勇气不断完成一个个工程奇迹。中国超级工程的建设与完工，不断向世界证明着中国的实力，不断引领中华儿女继续砥砺前行。

港珠澳大桥

链接　了不起的“中国桥”

2008 年建成通车的苏通长江公路大桥是跨径为 1088 米的斜拉桥，是人类建桥史上首次以斜拉桥形式突破 1000 米的大桥。

2009 年建成的重庆朝天门长江大桥设计为三跨连续中承式钢桁系杆拱桥，其中主跨达 552 米。

2011 年 1 月通车的南京大胜关长江大桥，是世界首座六线铁路大桥。

位于贵州、云南交界处杭瑞高速上的北盘江大桥，2016 年合龙，桥面到谷底垂直高度 565 米，是目前世界上相对高度最高的大桥。

二、从绿皮火车到高铁“复兴号”

铁路在中国的发展，由清政府时期的抗拒，到民国时期的挣扎，到新中国成立后的自食其力、自力更生，再到新时代的世界领先，中国铁路发展史映射了中华民族实现伟大复兴的历程。从绿皮火车到高铁“复兴号”，从时速 80 公里到时速 350 多公里，中国的铁路事业发生了翻天覆地的变化。

（一）铁路在中华大地上出现

1825 年，英国修建了世界上第一条以蒸汽机车牵引的铁路，标志着近代铁路运输业的开端。

1881 年唐胥铁路开通时，由几十名中国人依照总工程师、英国人金达（C.W. Kinder）的几张图纸打造的“中国火箭号”蒸汽火车，成为第一辆国产火车。由于工人在机车两侧各刻了一条龙，机车因此也被称为“龙号”。中国第一条自行设计和施工的铁路是 1909 年由铁路工程专家詹天佑主持修建的京张铁路，该铁路设计了著名的“人”字形爬坡路线。

20 世纪二三十年代，中国铁路迎来了建设高潮，到 1949 年解放战争结束时，中国可以通车的铁路为 21989 公里。

承载了中国人火车记忆的“绿皮火车”

新中国成立后，一方面先后修复受到战争破坏的铁路，另一方面加快新修铁路干线与支线。同时，蒸汽、内燃、电力机车，动车及磁悬浮列车的研发与制造也取得了重大成就，为新中国的经济腾飞奠定了坚实的基础。

（二）绿皮火车为中国经济立下汗马功劳

传统意义上的“绿皮火车”是对铁路客车的一种俗称，指的是老式火车客车车厢，其速度一般为 100 千米 / 小时或 120 千米 / 小时，依靠烧煤和烧水来取暖，大多没有空调装置。乘坐绿皮车是一种什么样的体验？很多人的回答都是：拥挤、喧闹，过道里永远都是摩肩接踵的人群，尤其是逢年过节，车厢里更是人挤人，座位下的大包小包堆得连下脚的地方都没有。

1994年以前，中国铁路为普速铁路。所谓普速铁路，就是普通机车加车厢的机辆牵引模式，车厢并无动力装置，由机车提供牵引力，牵引列车行驶，同时轨道基础采用有砟道床。由于受各种技术条件限制，机辆模式下，普速客运列车最高时速为每小时100—120公里，货运列车为每小时60—80公里。虽然经过多年技术改造，但列车速度并无明显改善。尽管如此，新中国成立后的45年间，将近8万公里的普速铁路为中国经济的腾飞和国防事业的繁荣发展谱写了不朽的诗篇。时至今日，仍有大量普速客运列车和货运列车为我们的出行和运输贡献力量。2010年6月27日，最后一趟从北京开往上海的绿皮火车驶出廊坊站。自此，京沪间仅存的一趟“绿皮车”也正式退出了历史舞台。

中国铁路总公司发布的消息显示，从2014年底开始，北京、上海等铁路局所辖的客车（除动车、高铁和城际列车外）车体颜色重新刷上了绿色，全新概念的“绿皮火车”回归大众视野。这次列车外皮油漆涂刷改造包括普客、快车（K字头）、特快（T字头）和直达特快（Z字头）列车车体，动车、高铁和城际列车车体没有在此次粉刷改造之中。换装后，新的“绿皮火车”也有所不同，新车体腰饰带颜色为淡黄色，车顶颜色为中灰色，以腰饰带形状的不同，区别直达特快、特快、快和普快等不同等级的客车。客车车体粉刷分批逐步进行，不仅重新粉刷了现有车辆，新造尚未竣工的客车也都按照新颜色方案实施。

2015 年 1 月 5 日，北京至上海的 T109 次列车的车体颜色已经由原来的蓝白相间变成橄榄绿，腰饰带为淡黄色，车顶颜色为中灰色。与之前烧煤取暖的绿皮车不同，整列车装配有空调，热水也是由电炉全程不间断供应。

一列动车在新疆哈密戈壁深处疾驰

（三）中国高铁领跑全世界

为探索中国高速铁路的发展模式，1994 年，中国第一条广州—深圳准高速铁路建成并投入运营，其客运列车速度为 160—200 千米 / 小时。广深高铁通过利用既有线提速改造、建设部分新线和租用瑞士摆式列车并且使用国产蓝剑动车组，第一次实现公交化运输，在技术上实现了质的飞跃。更重要的是，通过科研与试验、引进和开发，为建设中国高速铁路做好了技术前期准备，被称为“中国高速铁路的起点”。作为中国第一条准高速铁路，广深铁路不仅见证了新中国铁路历史的变迁，而且因其地处改革开放的前沿阵地，始终与中国的改革发展紧密相连，以先行者的姿态探索了中国铁路现代化技术结合市场化融资的发展之路。

2006 年 11 月 10—16 日，中国铁路第六次大提速进行综合牵引试验。试验数据表明：中国铁路已经掌握既有线提速到时速 200—250 公里的整套技术，既有线提速技术达到世界先进水平。2007 年 4 月 18 日，中国铁路第六次大提速，共有 500 列 CRH 动车组上线运行，开启了中国铁路高速牵引的时代。“和谐号”高速动车组列车时速 200—250 公里，中国具有自主知识产权，大量开行在京哈、京沪、京广、陇海、沪昆、胶济、广深等既有繁忙干线，拉开了中国铁路进入高速时代的序幕。经过六次大面积提速，2007 年中国不仅实现了百年铁路发展史上时速 200—250 公里的动车组、时速 120 公里的普通客车、 5000 吨货物重载列车共线运行零的突破，而且创造了世界铁路既有线整体性、系统性提速改造的新模式，极大地推动了中国铁路运输生产力的发展，引领了世界铁路提速改造的新潮流。10 年中持续实施 6 次大提速的成功实践，大大加快了中国铁路现代化发展的历史进程。

2008年8月1日，中国第一条世界一流水平的高速铁路——京津城际铁路通车运营，取得了中国第一条时速350公里高速铁路实现商业运行的重大成果。2008年4月18日—2011年6月30日建设的京沪高速铁路，标志着中国自主创新的高速铁路技术成功应用，是中国进入大规模高速铁路建设的里程碑。京沪高速铁路是《中长期铁路网规划》中投资规模最大、技术含量最高的一项工程，正线全长1318千米，设计最高时速380公里，初期运营时速300公里，共设置23个客运车站。京沪高铁连接环渤海和长三角两个经济区，所经区域人口占全国的26.7%，途经人口100万以上的城市11座，是中国社会经济发展最活跃地区之一，也是客货运输最繁忙的通道之一。2017年6月25日，中国标准动车组被正式命名为“复兴号”，于26日在京沪高铁线上正式双向首发。与“和谐号”相比，“复兴号”设计寿命更长，车内随时充电，连接无线热点。2017年7月27日，中国铁路总公司安排“复兴号”在京沪高铁开展时速350公里的体验运营。通过全面系统的科学论证和综合评估，“复兴号”动车组已具备在京沪高铁线上以时速350公里运营的能力和条件。从2017年9月21日起，铁路部门安排7对“复兴号”动车组在京沪高铁线上以时速350公里运行，京沪之间全程运行时间缩短为4个半小时左右。

在当今全球化的进程中，世界各国不断加强互联互通，以推动全球化发展。目前中国正酝酿建造四条世界级的高铁线路，分别是：泛亚高铁、中亚高铁、欧亚高铁、中俄加美高铁。这四条高铁线路横贯东西，建设完成后将成为中国连通世界的重要通道。德国电视台网站的一篇文章说，现在若说起高速列车，人们自然会想到中国制造。中国技术，世界共享。中共十八大以来，中国高铁“走出去”的步伐更稳更快，土耳其第一条高铁、印尼第一条高铁、俄罗斯第一条高铁……都有中国企业的身影；强大的设计团队、过硬的技术标准、最有性价比的高铁产品，中国高铁正成为“一带一路”合作项目的领头羊，主演国际产能合作的重头戏，彰显世界第二大经济体的大国担当。

中国的高速铁路建设坚持自主创新，立足高起点、高标准，瞄准世界先进水平，历经前期引进——消化吸收——再创新的过程，形成具有中国自主知识产权的高速铁路技术体系，初步掌握了世界顶级高速铁路客车的设计与制造关键技术，走完了国外制造商历经几十年才走完的高速历程，开启了中国铁路高速新时代。俯瞰今日中国铁路，“复兴号”长龙疾驰穿梭，在神州大地绘出流动的画卷。党的十八大以来，中国新开通高铁超2万公里，截至2019年底，中国高铁营业总里程超3.5万公里，稳居世界第一。中国高铁已经成为中国闪耀世界的“速度名片”，也是沟通中国与世界的“快速路”。

中车青岛四方机车车辆股份有限公司车间

链接 “复兴号”动车组列车

红神龙

“复兴号”动车组列车，是中国标准动车组的中文命名，是由中国铁路总公司牵头组织研制、具有完全自主知识产权、达到世界先进水平的动车组列车，也是目前世界上运营时速最高的高铁列车。

2012 年，中国标准动车组——“复兴号”正式启动研发。2017 年 6 月 25 日，中国标准动车组被正式命名为“复兴号”，于 26 日在京沪高铁线上正式双向首发。2018 年 12 月 24 日，时速 350 公里 17 辆长编组、时速 250 公里 8 辆编组、时速 160 公里动力集中等多款“复兴号”新型动车组首次公开亮相。

“复兴号”英文代号为 CR，三个级别为 CR420/300/200，数字表示最高时速，而持续时速分别对应 350、250 和 160，适应于高速铁路（高铁）、快速铁路（快铁）、城际铁路（城铁）。“复兴号”早期的两个型号是“红神龙”CR400AF 和“金凤凰”CR400BF；2019 年 1 月 5 日，“绿巨人”CR200J 型复兴号列车也在京沪线上开始运营。

金凤凰

绿巨人

三、从三峡工程到南水北调

（一）世界上综合规模最大的水利枢纽工程——三峡工程

三峡大坝位于中国湖北省宜昌市境内，距下游葛洲坝水利枢纽工程38公里，是当今世界最大的水力发电工程——三峡水电站的主体工程，是三峡大坝旅游区的核心景观，位于三峡水库的东端。三峡工程是第一个由全国人民代表大会批准而兴建的基本建设工程，2006年5月20日，随着最后一方混凝土入仓，三峡大坝浇筑到顶，毛泽东主席“更立西江石壁，截断巫山云雨，高峡出平湖”的伟大畅想变为现实。

1992年4月3日，七届全国人大第五次会议通过了《关于兴建长江三峡工程的建议》。1994年12月14日，举世瞩目的三峡工程开工典礼在三峡坝区隆重举行。工程施工总工期自1993年到2009年共17年，分三个阶段进行，到2009年工程全部完工。第一阶段工程1993—1997年，为施工准备及一期工程；第二阶段工程1998—2003年，为二期工程；第三阶段工程2004—2009年，为三期工程。

三峡大坝工程包括主体建筑物及导流工程两部分，全坝顶总长3035米，高程185米，蓄水高程175米，水库长2335米，总库容393亿立方米，安装32台单机容量为70万千瓦的水电机组。三峡电

2018 年 7 月 5 日，湖北宜昌，“长江 2018 年第 1 号洪水”在长江上游形成，三峡大坝在错峰泄洪。

站最后一台水电机组于 2012 年 7 月 4 日投产，这意味着装机容量达到 2240 万千瓦的三峡水电站容量为世界第一，已成为全世界最大的水力发电站和清洁能源生产基地。

三峡工程从最初的设想、勘察、规划、论证到正式开工，经历了75年。作为迄今世界上综合效益最大的水利枢纽，三峡工程发挥着巨大的防洪效益和航运效益。工程竣工后，水库正常蓄水位 175 米，防洪库容 221.5 亿立方米，可充分发挥其长江中下游防洪体系中的关键性骨干作用。水库调洪可削减洪峰流量达每秒 27000—33000 立方米，不但使荆江河段防洪标准从“十年一遇”提高到“百年一遇”，基本解除了上游洪水对武汉市、洞庭湖区以及江汉平原的威胁，并且显著改善了长江宜昌至重庆660公里的航道，万吨级船队可直达重庆港。三峡电站安装的32台70万千瓦水轮发电机组和2台5万千瓦水轮发电机组，总装机容量2250万千瓦，年发电量超过1000亿千瓦时，也相当于每年节约5000万吨煤，大大减少了空气污染和二氧化碳的排放。它同时还发挥着养殖、旅游、南水北调、供水灌溉等效益，具有无可比拟的作用。

1994年6月，由美国发展理事会（WDC）主持、在西班牙第二大城市巴塞罗那召开的全球超级工程会议上，三峡工程被列为全球超级工程之一。三峡工程在工程规模、科学技术和综合利用效益等多方面都位于世界级工程的前列。它不仅将为中国带来巨大的经济效益，还将为世界水利水电技术和有关科技的发展做出有益的贡献。

（二）大国战略工程——南水北调

2020年11月13日，习近平到江都水利枢纽展览馆参观，详细了解江淮地区治水兴水的历史，以及江都水利枢纽的选址设计和建设运行情况。“南水北调，我很关心。这是国之大事、世纪工程、民心工程，同三峡工程是等量齐观的。”总书记强调，“我国在水资源分布上是北缺南丰，一定要科学调剂，这件事还要继续做下去，发挥好促进南北方地区均衡发展、可持续发展的作用。”

南水北调工程是世界上供水规模最大、距离最长、受益人口最多、受益范围最大的调水工程。南水北调跨越山川河流，经过城市乡村，将中国南部丰沛的长江水源源不断地输送到缺水的北方。

新中国成立后，1952年毛泽东在视察黄河时提出：“南方水多，北方水少，如有可能，借点水来也是可以的。”第一次明确提出了“南水北调”的伟大设想。

作为新中国成立以来论证规划时间最长、涉及面最广的战略性工程，南水北调工程事关中华民族的长远发展。1978 年，五届全国人大一次会议通过的《政府工作报告》正式提出：“充分发动群众，大搞以改土治水为中心的农田基本建设。国家要抓好大型水利工程的建设，继续治理黄河、长江、淮河、海河、辽河、珠江等大江大河，搞好解决西北、华北、西南地区干旱的骨干工程，兴建把长江水引到黄河以北的南水北调工程。”邓小平对向南方借水这件事十分重视，1980 年 7 月 22 日，他视察了丹江口水利枢纽工程，详细询问了丹江口水利枢纽初期工程建成后防洪、发电、灌溉效益与大坝二期的加高情况。当时，丹江口水库已名副其实地成为南水北调中线工程的调水起点。

2002 年 12 月 27 日，举世瞩目的南水北调工程开工典礼在北京人民大会堂和江苏省、山东省施工现场同时举行。

南水北调工程主要解决中国北方地区，尤其是黄淮海流域的水资源短缺问题。供水区域控制面积达 145 万平方公里，约占中国陆地面积 960 万平方公里的 15%。工程包括东线、中线、西线三大工程。

东线工程：利用江苏省已有的江水北调工程，逐步扩大调水规模并延长输水线路。东线工程从长江下游扬州抽引长江水，利用京杭大运河及与之平行的河道逐级提水北送，并连接起调蓄作用的洪泽湖、骆马湖、南四湖、东平湖。出东平湖后分两路输水：一路向北，在位山附近经隧洞穿过黄河；另一路向东，通过胶东地区输水干线经济南输水到烟台、威海。东线工程开工最早，并且有现成输水道。

中线工程：水源 70% 从陕西的汉中、安康、商洛地区，汇聚至丹江口水库，由丹江口大坝加高后扩容的丹江口水库调水，从河南南阳的淅川陶岔渠首闸出水，沿豫西南唐白河流域西侧过长江流域与淮河

江苏淮安，鸟瞰南水北调东线洪泽站。

河南南阳，航拍南水北调中线工程陶岔渠首。

流域的分水岭方城垭口后，经黄淮海平原西部边缘，在郑州以西孤柏嘴处穿过黄河，继续沿京广铁路西侧北上，可基本自流到终点北京。

西线工程：在长江上游通天河、支流雅砻江和大渡河上游筑坝建库，开凿穿过长江与黄河的分水岭巴颜喀拉山的输水隧洞，调长江水入黄河上游。西线工程的供水目标主要是解决青、甘、宁、内蒙古、陕、晋等 6 省区黄河上中游地区和渭河关中平原的缺水问题。结合兴建黄河干流上的骨干水利枢纽工程，还可以向邻近黄河流域的甘肃河西走廊地区供水，必要时也可及时向黄河下游补水。截至目前，南水北调西线工程仍处在前期论证阶段，为早日开工建设创造条件。

2014 年 12 月，南水北调东、中线一期工程全面建成通水。通水以来，工程安全平稳运行，输水水质全线达标，南水北调工程基础性、战略性地位与作用日益显现，在保障受水区居民生活用水，修复和改善生态环境，促进库区和沿线治污环保、应急抗旱排涝等方面，取得了实实在在的社会、经济、生态等综合效益。作为新时代的重大水利工程，时代赋予南水北调工程的使命还将继续。

链接　南水北调大事记概览

构想——论证

- 1952 年 10 月，毛泽东在视察黄河时提出：“南方水多，北方水少，如有可能，借点水来也是可以的。”这也是南水北调宏伟构想的首次提出。
- 1978 年五届全国人大一次会议通过的《政府工作报告》正式提出：“兴建把长江水引到黄河以北的南水北调工程。”

- 1979 年 12 月，水利部正式成立南水北调规划办公室，统筹领导协调全国的南水北调工作。
- 1992 年 10 月，中国共产党第十四次全国代表大会把“南水北调”列入中国跨世纪的骨干工程之一。
- 1995 年 12 月，南水北调工程开始全面论证。
- 2002 年 10 月 10 日，中共中央政治局常务委员会会议审议并通过了经国务院同意的《南水北调工程总体规划》。
- 2002 年 12 月 23 日，国务院正式批复《南水北调总体规划》。

开工——通水

- 2002 年 12 月 27 日，南水北调工程正式开工。江苏段三潼宝工程和山东段济平干渠工程成为南水北调东线首批开工工程。
- 2003 年 12 月 30 日，南水北调中线京石段应急供水工程动工，标志着南水北调中线一期工程正式启动。
- 2009 年 2 月 26 日，南水北调中线兴隆水利枢纽工程开工建设，标志着南水北调东、中线七省市全部开工。
- 2013 年 11 月 15 日，东线一期工程正式通水运行。
- 2014 年 12 月 12 日，中线一期工程正式通水运行。
- 2015 年 9 月，北京市地下水埋深比 6 月底回升 15 厘米，整体地下水储量增加了 8000 多万立方米。
- 2016 年 11 月 25 日，南水北调中线一期工程累计调水超过 60 亿立方米，惠及北京、天津、河南、河北四省市 4200 万人。
- 2017 年 10 月 31 日，南水北调中线一期工程完成 2016—2017 年度调水任务。
- 2018 年 12 月 12 日，南水北调东中线一期工程全面通水以来累计调水 222 亿立方米，供水量持续快速增加。
- 截至 2020 年 6 月 3 日，南水北调中线一期工程已经安全输水 2000 天，累计向北输水 300 亿立方米，已使沿线 6000 万人口受益。

第二章

创新驱动：
培育发展新引擎

创新，是一个民族进步的灵魂，是一个国家兴旺发达的不竭源泉，也是中华民族最深沉的民族禀赋。自中华人民共和国成立以来，中国人民在中国共产党的带领下，不断创造伟大奇迹，彻底改变了中华民族的前途命运。70多年的发展中，中国在理论、制度、科技等方面都实现了创新，培育了发展的新引擎。

一、理论创新推进伟大飞跃

每一次重大理论创新，都推动着经济社会发展实现新的历史跨越。近现代中国及世界历史都清晰地表明，没有理论的创新，就不会有革命运动的兴起，也不会有新制度的建立与新事业的推进。马克思主义中国化就是中国共产党不断推进理论创新的重要成果。“十月革命的一声炮响，给中国送来了马克思列宁主义”，推动了国际共产主义运动在中国的勃兴，使中国革命进入新民主主义革命的新时期。改革开放以来，中国共产党领导人民群众取得社会主义现代化建设事业的不断进步，这也正是坚持解放思想，坚持理论创新的重要成果。一部马克思主义中国化发展史，就是一部中国共产党将马克思主义基本原理同中国革命、建设、改革实际相结合而不断形成新理论、开创新境界、指导新实践的历史。新中国成立70多年来，中国共产党持续推进马克思主义中国化，创造了令世人瞩目的发展奇迹。

（一）马克思主义中国化的提出与毛泽东思想的形成

俄国十月革命以后，中国的早期知识分子开始研究马克思主义这一科学理论，在挽救国家民族危亡的时刻，中国共产党应运而生。但是在国际无产阶级运动中，并没有在半殖民地半封建社会的国家里夺取革命政权的经验。中国共产党早期的创始人进行了艰辛探索，努力把马克思列宁主义与中国革命具体实践相结合，为救国救民找出一条崭新的道路。以毛泽东为代表的中国共产党人冲破教条主义的束缚，把马列主义普遍原理与中国革命的具体实践相结合，创造性地开辟了中国革命的独特道路——农村包围城市的井冈山道路，把马列主义推进到毛泽东思想的崭新阶段，创造性地提出了中国革命的“三大法宝”——统一战线、武装斗争、党的建设，创造性地提出了党的“三大作风”——理论联系实际、密切联系群众、批评和自我批评，引领中国革命走向胜利，把中国共产党从马克思主义革命党建设成马克思主义执政党。

1945年4月23日到6月11日，中国共产党第七次全国代表大会在延安召开。大会上，毛泽东思想被确立为全党的指导思想，明确提出了毛泽东思想“就是马克思列宁主义的理论与中国革命的实践之统一的思想，就是中国的共产主义，中国的马克思主义”的论断。

毛泽东思想科学回答了中国这样一个脱胎于半殖民地半封建社会、人口众多、经济落后的东方大国，如何进行社会主义革命的历史课题，并立足于中国国情，从经济、政治、文化等方面进行初步探索，对中国社会主义改造和社会主义建设提出了许多重要的、有创造性的思想观点，这些思想成为中国特色社会主义理论体系的直接来源，为建设中国特色社会主义道路积累了丰富经验。后来的历届党和国家领导人都从实际形势出发，与时俱进，审时度势，及时提出符合时代要求与国情民意的治国理政方略，为世界提供了“中国模式”“中国经验”。

（二）邓小平理论是马克思主义中国化的第二次历史性飞越

邓小平理论作为中国特色社会主义理论体系的重要组成部分，是中国共产党和中国人民在长期历史实践过程中形成的重要思想财富，引导着中国未来的发展。这一理论是以邓小平为主要创立者、以建设有中国特色社会主义为主题的理论，是马克思列宁主义和毛泽东思想在新的历史条件下的继承和发展。邓小平曾经强调：“真正的马克思主义者必须根据现在的情况，认识、继承和发展马克思主义”，“不以新的思想、观点去继承、发展马克思主义，不是真正的马克思主义者”。邓小平理论被中国共产党看作是马克思主义中国化的又一重大理论成果，是中国共产党获得的社会主义建设经验的理论总结。

1982 年，邓小平在中国共产党第十二次全国代表大会开幕词中第一次提出和使用了“建设有中国特色的社会主义”的科学概念，成为中国共产党全部理论和实践创新的主题。建设中国特色社会主义，是邓小平理论的主题。邓小平理论就是围绕着这个主题，紧紧抓住什么是社会主义、怎样建设社会主义这个根本问题形成和展开的。中国共产党的十二大报告系统概括了社会主义社会的基本特征，并从中国国情出发，确定了以经济建设为中心，“现代化”“高度民主”“高度文明”三位一体，经济、政治、思想文化三大建设一起抓的总路线和总任务。

1987年中共十三大召开，第一次系统论述了中国社会主义初级阶段理论，明确提出中国处于社会主义初级阶段，概括和全面阐述了党的“一个中心、两个基本点”的基本路线，确定了建设有中国特色社会主义的六条具有长远意义的指导方针，并明确提出了中国现代化建设“三步走”的战略目标。

1992年春，邓小平视察南方并发表重要谈话，科学总结了十一届三中全会以来党的基本实践经验，鲜明地回答了经常困扰和束缚人们思想的许多重大思想理论问题，主要围绕“什么是社会主义，怎样建设社会主义”这个根本问题，对改革开放中解放思想和加快发展、实践标准和生产力标准、计划经济和市场经济、物质文明和精神文明、社会主义本质等一系列重要问题进行了新的论述。

在邓小平视察南方重要谈话精神的指导下，1992年10月，中共十四大召开，大会从更宽广的视野和更高的理论层次，对邓小平建设有中国特色社会主义理论进一步作出科学的概括，中共十四大报告使用了“邓小平同志建设有中国特色社会主义理论”这一概念。1997年，中共十五大作出了“高举邓小平理论伟大旗帜，把建设有中国特色社会主义事业全面推向二十一世纪”的战略决策，明确提出和使用了“邓小平理论”这个更加简洁鲜明的科学概念，进一步阐述了邓小平理论的历史地位和指导意义。邓小平理论“第一次比较系统地初步回答了在中国这样的经济文化比较落后的国家如何建设社会主义、如何巩固和发展社会主义的一系列基本问题”，并用新的思想继承和发展了马克思主义，开创了马克思主义新局面，把对社会主义的认识提升到新的科学水平。

（三）“三个代表”重要思想开创中国特色社会主义事业新局面

中共十三届四中全会后，以江泽民为主要代表的中国共产党人，高举毛泽东思想、邓小平理论伟大旗帜，坚持用发展着的马克思主义指导新的实践，准确把握时代特征，科学判断中国共产党所处的历史方位，紧紧围绕建设中国特色社会主义这个主题，以马克思主义的巨大理论勇气进行理论创新，逐步形成“三个代表”重要思想这一科学理论。

2000 年 2 月，江泽民在广东考察工作时指出：“只要我们党始终成为中国先进社会生产力的发展要求、中国先进文化的前进方向、中国最广大人民的根本利益的忠实代表，我们党就能永远立于不败之地，永远得到全国各族人民的衷心拥护并带领人民不断前进。”后来，这一论述表述为中国共产党必须始终代表中国先进生产力的发展要求，代表中国先进文化的前进方向，代表中国最广大人民的根本利益。

“三个代表”重要思想的提出和形成是站在面向新世纪的历史高度，在科学判断党的历史方位上提出来的，是面向未来“关于建设一个什么样的党，怎样建设党”这一重大理论问题进行长期思考的重大成果，是对马克思列宁主义、毛泽东思想和邓小平理论的伟大创新。

2002 年 11 月 8 日，中国共产党第十六次全国代表大会开幕。十六大报告中指出：“‘三个代表’重要思想是对马克思列宁主义、毛泽东思想和邓小平理论的继承和发展，反映了当代世界和中国的发展变化对党和国家工作的新要求，是加强和改进党的建设、推进我国社会主义自我完善和发展的强大理论武器，是全党集体智慧的结晶，是党必须长期坚持的指导思想。始终做到‘三个代表’是我们党的立党之本、执政之基、力量之源。”

（四）科学发展观推进中国特色社会主义事业新发展

发展是硬道理，中国社会主义初级阶段的国情决定，要赶上时代必须紧紧抓住发展这个党执政兴国的第一要务。马克思主义注重发展社会生产力，最注重人的自由而全面的发展。胡锦涛将马克思主义关于发展的世界观和方法论，运用于中国新的发展实践的要求中，形成了科学发展观，提升了发展的新境界。

中国共产党的十七大报告正式将科学发展观界定为："第一要义是发展，核心是以人为本，基本要求是全面协调可持续，根本方法是统筹兼顾。"这一定义包括了四层含义：一是以人为本。发展为了人民，发展也依靠人民，要注重人的需要、人的利益。以人为本的"人"，即人民，把人民的根本利益作为出发点和归宿。二是全面发展。物质文明建设、政治文明建设和精神文明建设并进。其中物质文明提供物质基础，政治文明提供政治保障，精神文明提供精神动力和智力支持。三是协调发展。所谓协调发展，就是要在发展中实现速度与效益、数量与质量的有机结合。即是说，我们讲的发展不能仅仅理解为速度和数量，而要在提高经济效益和社会效益、保证产品质量的前提下去实现速度的增长和数量的提高。必须切实把经济工作的重点放在主要依靠科技进步和提高劳动者的素质上来，放在注重经济增长的质量和效益上来。必须在实现经济体制从传统的计划经济体制向社会主义市场经济体制转变的同时，使经济增长方式从粗放型向集约型转变。四是可持续发展。使人口增长与经济发展相协调，使资源环境与经济发展相协调，在人口、资源、环境与经济社会的协调中实现经济的持续发展。

2012 年 7 月 23 日，胡锦涛在省部级主要领导干部专题研讨班上的讲话中指出："科学发展观是中国特色社会主义理论体系的最新成果，是中国共产党集体智慧的结晶，围绕坚持和发展中国特色社会主义提出一系列紧密相连、相互贯通的新思想、新观点、新论断，形成了涵盖改革发展稳定、内政外交国防、治党治国治军各个方面的科学理论，是指导党和国家全部工作的强大思想武器。”

（五）习近平新时代中国特色社会主义思想引领实现中华民族伟大复兴

中共十八大以来，中国特色社会主义事业取得了新的辉煌成就，以习近平同志为主要代表的中国共产党人，顺应时代发展，从理论和实践结合上系统回答了新时代坚持和发展什么样的中国特色社会主义、怎样坚持和发展中国特色社会主义这个重大时代课题，创立了习近平新时代中国特色社会主义思想。

习近平新时代中国特色社会主义思想，是在推进马克思主义中国化进程中，在传承中华优秀传统文化和革命文化、社会主义先进文化中发展起来的，焕发出马克思主义的真理光芒和强大的文化力量。是从习近平总书记几十年艰苦磨砺和从政实践中特别是多领域多层级领导岗位的历练中积累得来的，释放出深厚的“地气”和旺盛的活力。习近平总书记的从政经历遍及党、政、军各个领域，历经村、县、市（地）、省（直辖市），直至中央等所有层级的主要岗位，其成长之路也是习近平新时代中国特色社会主义思想的萌生和孕育过程。习近平新时代中国特色社会主义思想是在全面从严治党、严惩腐败中创立的；是在正本清源、全面加强党的领导中创立的；是在形成“四个全面”战略布局中创立的；是在扎实推进“五位一体”总体布局中创立的；是在构建中国特色大国外交、构建人类命运共同体中创立的。

这一思想的要义，十九大报告中用了“八个明确”清晰阐明了在新时代坚持和发展什么样的中国特色社会主义，用“十四个坚持”明确了怎样坚持和发展中国特色社会主义。

习近平新时代中国特色社会主义思想，是马克思主义中国化最新成果，是中国共产党人新时代的精神支柱和力量源泉，是全党全国人民为实现中华民族伟大复兴而奋斗的行动指南，必须长期坚持并不断发展。

二、制度创新推进中国特色社会主义制度完善发展

中国制度的完善和发展建立在制度创新的基础上。习近平指出：“制度自信不是自视清高、自我满足，更不是裹足不前、故步自封，而是要把坚定制度自信和不断改革创新统一起来。”在全面深化改革进程中，中国共产党人坚持制度自信和改革创新的有机统一，有力推动了中国特色社会主义制度的自我完善和发展。

（一）人民代表大会制度保障人民当家作主的权利

政治制度在国家制度中占有非常重要的地位，关系着一个国家的走向。在领导新民主主义革命的实践中，中国共产党一直在寻求与国情相适应、能够更好地体现人民群众当家作主的政权形式。经过长期艰苦的探索，并吸收中外政权建设的历史经验，在中国革命胜利到来之际，中国共产党绘就的新中国蓝图，既确定了人民民主专政的国体，也确定了共和国的政体，以及人民代表大会制度。

在中国近代历史上，君主立宪制、议会制、多党制、总统制等都曾被尝试，但事实证明，这些制度在中国都行不通，都不能为国家富强、人民幸福提供制度保障。“只有人民代表大会制度，才是符合中国国

情和实际、体现社会主义国家性质、保证人民当家作主、保障实现中华民族伟大复兴的好制度。”无论是从历史沿革，还是从当今社会发展来看，人民代表大会制度作为中国的根本政治制度，是在实践中不断探索而做出的必然选择。

1954 年 9 月 15 日，第一届全国人民代表大会第一次会议正式召开，制定了新中国第一部宪法，人民代表大会制度作为中华人民共和国的根本政治制度得以正式确立。在新中国，国家的一切权力属于人民，人民是国家的主人，这是人民民主专政的根本要义。

人民代表大会制度是在中国共产党的领导下探索建立、巩固发展的，也必须在中国共产党的领导下继续完善发展，充分发挥国家根本政治制度的功效，保证党领导人民有效治理国家。人民代表大会及其代表要经常深入群众，广泛地动员和组织人民群众，同人民群众一起管理和建设国家。真正代表人民群众的根本利益，集民智、聚民心，这是人民代表大会制度的一个基本特征，也是它特有的政治优势，体现了人民民主的本质。

人民代表大会制度是中国特色社会主义制度的重要组成部分，也是支撑中国国家治理体系和治理能力的根本政治制度。它的确立和发展，从制度上保证了广大人民群众作为国家主人的主体地位，使新中国的国家政权获得空前广泛和稳固的社会基础，为人民民主专政国体的巩固和国家长的治久安提供了可靠的制度保障。

（二）中国共产党领导的多党合作和政治协商制度构建起和谐的党际关系

中国共产党领导的多党合作和政治协商制度，是马克思主义政党理论和统一战线学说与中国实际相结合的产物，是符合中国国情的社会主义政党制度，是中国的一项基本政治制度。它根本不同于西方资本主义国家的多党制或两党制，也有别于一些国家实行的一党制。中国共产党领导的多党合作和政治协商制度是在中国长期革命和建设中形成和发展起来的，也是中国共产党和各民主党派的共同创造。

1949 年 9 月，中国人民政治协商会议第一次全体会议通过的《共同纲领》，为中国共产党与各民主党派合作奠定了新的政治基础。1956 年 8 月，毛泽东在中共八大政治报告讨论稿的批语和修改中，提出“在工人阶级革命政党领导下的多党制”。这是第一次出现对中国社会主义政党制度的提法。10 月，中央统战部发出《关于民主党派工作的几个问题指示》，提出：“长期的多党合作，是我国人民民主专政的特点之一”。1979 年 10 月 19 日，在全国政协和中央统战部宴请出席各民主党派和工商联代表大会全体代表的招待会上，邓小平发表重要讲话，指出：“在中国共产党的领导下，实行多党派的合作，这是我国具体历史条件和现实条件所决定的，也是我国政治制度中的一个特点和优点。”

坚持和完善中国共产党领导的多党合作和政治协商制度，既有利于坚持和改善中国共产党的领导，又能充分吸纳各方面的意见，集中全国人民的意志和力量，实现广泛民主和集中领导的统一，充满活力和富有效率的统一。坚持和完善这一制度，有利于调动一切积极因素，实现国家跨世纪发展宏伟目标；有利于发展社会主义民主政治；有利于妥善处理新时期人民内部矛盾，保持中国的政治稳定、经济发展、民族团结、社会进步。避免了西方政治中的多党竞争、相互倾轧等弊端，成为中国政党制度的巨大优势，这种独特的、独有的、独到的民主形式，也为世界政治文明树立了典范，具有别的制度不可替代的优势。坚持和完善这项制度，对于巩固和发展社会主义制度，面向新世纪推进建设中国特色社会主义事业，具有重要的战略意义。

2018 年 3 月 4 日，习近平总书记在看望参加全国政协十三届一次会议的民盟、致公党、无党派人士、侨联界委员时指出："中国共产党领导的多党合作和政治协商制度，既强调中国共产党的领导，也强调发扬社会主义民主。政治协商、民主监督、参政议政，就是这种民主最基本的体现。坚持中国共产党的领导，不是不要民主了，而是要形成更广泛、更有效的民主。我们应该不忘多党合作建立之初心，坚定不移走中国特色社会主义政治发展道路，把我国社会主义政党制度坚持好、发展好、完善好。"

（三）"一国两制"伟大构想开辟了以和平方式实现祖国统一的崭新道路

1982 年 1 月，邓小平在会见美国华人协会主席李耀滋时，第一次正式提出"一个国家，两种制度"的构想，并且明确指出，不仅是台湾问题，港澳问题也同样适用。后来，他在多个场合对这一构想作了全面深入的阐释，使之成为一个系统性的科学方案。

"一国两制"是中国的一项基本国策。"一国两制"就是在统一的国家之内，国家主体实行社会主义制度，个别地区依法实行资本主义制度。这是一项前无古人的开创性事业，在过往的人类政治实践中还从未有过。按照"一国两制"伟大构想，香港、澳门顺利回归祖国，改变了历史上但凡收复失地都要大动干戈的历史定律。"一国两制"是中国为国际社会解决类似问题提供的一个新思路、新方案，是中华民族为世界和平与发展做出的新贡献，凝结了海纳百川、有容乃大的中国智慧。

三、科技创新推进大国飞跃

（一）从“两弹一星”到载人航天

1. 打破西方大国核垄断的镇国重器——“两弹一星”

新中国成立后，经过农村的土地改革、城市的工商业改造、“一五计划”的成功实施，短短几年时间里，整个国家已是一派欣欣向荣的景象，国民经济得到恢复和发展，工业体系初步建立，为适时开展“两弹”工程，打下了重要的国力基础。海外华人更是扬眉吐气，在 20 世纪 50 年代出现了一股回国潮，一批科学家纷纷回国，其中就有钱学森、李四光、郭永怀等国际著名科学家。新中国成立初期，尽管百废待兴，但中央政府非常重视科学研究工作，接收了国民政府留下的科研机构，成立了中国科学院，提出了“科学为人民服务”的口号和学术研究的“双百”方针。有效的人才政策、人才储备与科学事业的建制化发展，为“两弹一星”工程打下了坚实的基础。同时，苏联在技术上给予中国一定的帮助，在新中国“两弹”工程研制初期，起到了重要的引路作用。

在此历史背景下，新中国决心研制“两弹一星”，无疑是具有远见卓识的战略选择。20 世纪 50 年代中期，以毛泽东同志为核心的第一代党中央领导集体，根据当时的国际形势，为了保卫国家安全、维

“东方红一号”卫星模型

护世界和平，高瞻远瞩，果断地作出了独立自主研制“两弹一星”的战略决策。大批科技工作者在国家经济落后、技术基础薄弱和工作条件十分艰苦的情况下，发愤图强，用较少的投入和较短的时间，突破了许多尖端技术，取得了举世瞩目的辉煌成就。

1964 年 10 月 16 日，中国第一颗原子弹爆炸成功；1967 年 6 月 17 日，中国第一颗氢弹空爆试验成功；1970 年 4 月 24 日，中国第一颗人造卫星“东方红一号”发射成功。这是中国人民在攀登现代科学高峰征途中创造的“两弹一星”人间奇迹。邓小平说过：“如果 60 年代以来中国没有原子弹、氢弹，没有发射卫星，中国就不能叫有重要影响的大国，就没有现在这样的国际地位。这些东西反映一个民族的能力，也是一个民族、一个国家兴旺发达的标志。”

2. 中国人的飞天梦——载人航天

1992 年 1 月，中国政府批准载人航天工程正式上马。这是迄今为止中国航天史上规模最大、系统最复杂、技术难度最高的工程。这个工程由七个分系统组成，包括航天员系统、飞船应用系统、载人航天飞船系统、运载火箭系统、发射场系统、测控系统、着陆场系统。其中，载人航天飞船系统是核心，包括轨道舱、返回舱、推进舱。1992 年 9 月，中央决策实施载人航天工程并确定了中国载人航天“三步走”的发展战略：第一步，发射载人飞船，建成初步配套的试验性载人飞船工程并开展空间应用实验；第二步，突破航天员出舱活动技术、空间飞行器的交会对接技术，发射空间实验室，解决有一定规模的短期有人照料的空间应用问题；第三步，建造空间站，解决有较大规模的长期有人照料的空间应用问题。当载人航天工程正式启动的时候，尽管中国已经掌握了大推力火箭和返回式卫星技术等基础技术，对于载人航天这个航天领域的最高难题，却几乎从零开始。即便如此，中国航天人还是大胆提出了设计制造一步跨越国外近 40 年发展历程的飞船的设想。中国的载人航天，走的是一条有中国特色的自主创新之路。

从“神一”到“神四”，中国人搭建了自己的 “登天阶梯”。

神舟一号飞船于 1999 年 11 月 20 日在酒泉卫星发射中心发射升空，飞船返回舱于次日在内蒙古自治区中部地区成功着陆。这次发射首次采用了在技术厂房对飞船、火箭联合体垂直总装与测试，整体垂直运输至发射场，进行远距离测试发射控制的新模式。中国在原有的航天测控网基础上新建的符合国际标准体制的陆海基航天测控网首次投入使用。神舟二号飞船于 2001 年 1 月 10 日发射升空，在轨飞行 7 天后成功返回地面。这是中国第一艘正样无人飞船。飞船上进行了微重力环境下的空间生命科学、空间材料、空间天文和物理等领域的实验，各种仪器设备性能稳定，工作正常，取得了大量数据。飞船的系统结构有了新的扩展，技术性能有了新的提高，飞船技术状态与载人飞船基本一致。神舟三号飞船于 2002 年 3 月 25 日发射，神舟三号轨道舱在轨运行 180 多天，成功进行了一系列空间科学实验。神舟四号飞船于 2002 年 12 月 30 日成功发射，在完成预定空间科学和技术实验任务后，在内蒙古自治区中部地区准确着陆。

2003 年 10 月 15 日上午 9 时，长征二号 F 运载火箭载着神舟五号载人飞船发射升空。

神舟五号飞船，是中国第一次真正意义上的载人飞行。2003 年秋，神舟五号飞船将“中国飞天第一人”杨利伟送上太空，让中国成为继苏联和美国之后，第三个将人类送上太空的国家。2005 年 10 月 12 日，中国再次成功发射载人飞船神舟六号，并首次进行多人多天太空飞行试验。2008 年 9 月 25 日，神舟七号飞天。航天员乘组指令长翟志刚

国家博物馆展出的神舟五号返回舱及杨利伟穿过的航天服

在太空成功实施出舱活动，顺利完成中国航天员第一次空间出舱，这标志着中国突破和掌握出舱活动相关技术。2011 年 11 月 1 日，神舟八号飞天。升空两天后，“神八”与此前发射的天宫一号目标飞行器进行了空间交会对接。组合体运行 12 天后，神舟八号飞船脱离天宫一号并再次与之进行交会对接试验，标志着中国在突破和掌握空间交会对接技术上迈出了重要一步，是中国载人航天事业发展史上又一个重要里程碑。时隔不到 1 年，2012 年 6 月 16 日，神舟九号升空，并于两天后与天宫一号实施自动交会对接，这是中国首次载人空间交会对接。2013 年 6 月 11 日，神舟十号飞船从大漠深处起飞，升空后再和天宫一号对接，并对其进行短暂的有人照管试验。至此，中国已基本掌握空间飞行器交会对接技术，并为后续空间实验室的建设打下坚实基础。

2016 年 9 月 15 日，中国首个真正意义上的空间实验室“天宫二号”飞向太空。2010 年左右建成空间站，是中国载人航天工程启动时

2016 年 10 月 17 日，神舟十一号载人飞船发射点火。

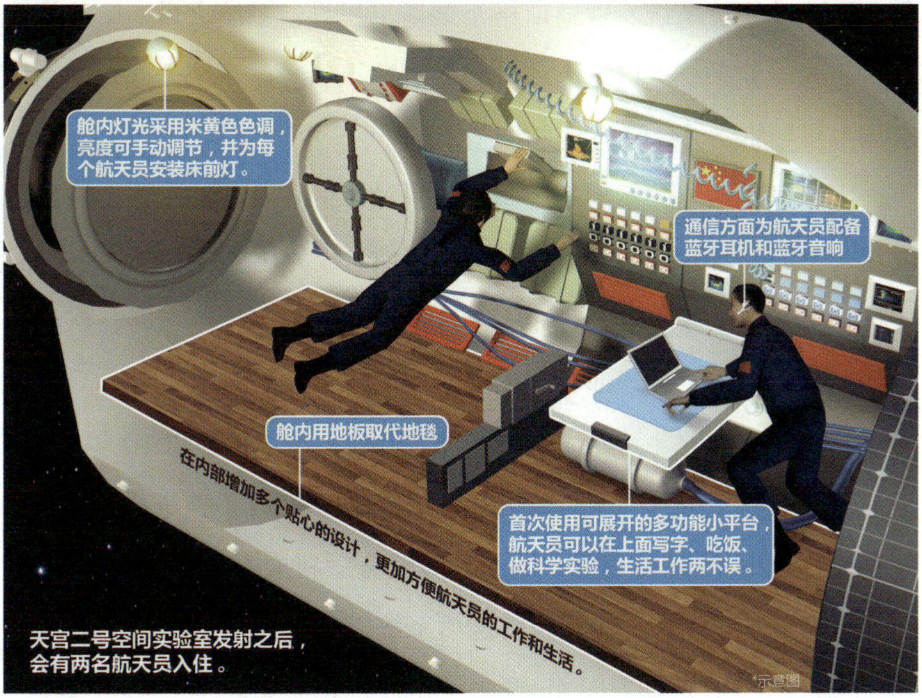

“天宫二号”为航天员提供舒适的条件（示意图）

定下的目标。仅仅一个月后，神舟十一号飞船载着两名航天员飞向太空，突破航天员中期驻留技术，开展一批体现国际科学前沿和高新技术发展方向的空间科学与应用任务，标志着中国载人航天工程取得了新的重大进展。“2020 年左右实现重点突破，加速迈向航天强国；2030 年左右实现整体跃升，跻身航天强国之列；2050 年之前实现超越引领，全面建成航天强国”——在建设航天强国的道路上，中国洋溢着自信与豪迈，又饱含着稳健与从容。

“雄关漫道真如铁，而今迈步从头越。”昂首阔步迈向建设航天强国的中华民族，必将为和平利用太空、推进人类文明发展做出新的更大贡献。

3. 闪耀太空的“中国星”——北斗导航定位卫星系统

中国北斗卫星导航系统是中国自行研制的全球卫星导航系统，是继美国全球定位系统、俄罗斯格洛纳斯卫星导航系统之后，第三个成熟的卫星导航系统。这三大系统和伽利略卫星导航系统一起，同为联合国卫星导航委员会已认定的供应商。

卫星导航系统关系到一个国家信息技术的安全，关乎一个国家的发展、地位以及民生，发展并完善这一领域是成为科技强国的必经之路。中国起步较晚，早在 20 年前，欧美等国家的 GPS、伽利略、格洛纳斯等就已经完成了全球部署，中国是白手起家，外加迎头猛追。2000 年 10 月 31 日，北斗跨入人类卫星导航行列；十年后的 2010 年，5 颗卫星成功发射，17 个地面基站建设完成，初步完成了整个系统体制。2011 年运控系统建设完成，地面联网任务顺利推进。2012 年，14 颗工作卫星成功组网，正在逐步将这项系统覆盖到全球。截至 2019 年 5 月 17 日，中国已成功发射 46 颗北斗导航卫星。

北斗卫星导航系统模型

2018 年 12 月 26 日，北斗三号基本系统开始提供全球服务。这标志着北斗系统服务范围由区域扩展为全球，北斗系统正式迈入全球时代。2019 年 5 月，北斗二号系统定位精度由 10 米提升至 6 米。

目前已形成由北斗基础产品、应用终端、应用系统和运营服务构成的完整产业链。北斗在国家关键行业和重点领域标配化使用，在大众消费领域规模化应用。据统计，2018 年中国国内卫星导航产业产值已超过 3000 亿元，到 2020 年，中国卫星导航产业的规模将超过 4000 亿元，北斗将拉动超过 3000 亿元规模的市场份额。

国产北斗芯片、模块等关键技术全面突破，性能指标与国际同类产品相当。支持北斗三号新信号的 28nm 工艺射频基带一体化 SoC 芯片，已在物联网和消费电子领域得到广泛应用。最新的 22nm 工艺双频定位芯片已具备市场化应用条件，全频一体化高精度芯片正在研发，北斗芯片性能将再上一个台阶。据统计，国产北斗导航型芯片模块累计销量已突破 8000 万片，高精度板卡和天线销量已分别占据国内 30% 和 90% 的市场份额，并输出到 100 余个国家和地区。2019 年第一季度，在中国市场申请进网的手机有 116 款具有定位功能，其中支持北斗定位的有 82 款，北斗定位支持率达到 70%。支持北斗系统的手表、手环等智能穿戴设备，以及学生卡、老年卡等特殊关爱产品不断涌现，得到广泛应用。

北斗定位芯片

北斗系统现已广泛应用于交通运输、公共安全、农林渔业、水文监测、气象预报、通信时统、电力调度、救灾减灾等领域，融入国家核心基础设施，已产生显著的经济效益和社会效益。随着北斗三号系统建设的日臻完善，北斗系统将在更广地域、为更多民众提供优质服务。

北斗系统始终坚持开放合作、资源共享，务实开展国际交流与合作，努力促进全球卫星导航事业的发展。继 2012 年圆满举办全球卫星导航系统国际委员会（ICG）第七届大会后，中国又于 2018 年 11 月成功举办 ICG 第十三届大会，大会发布了《全球卫星导航系统空间服务域（GNSS SSV）互操作手册》，形成共同发展卫星导航的西安倡议。2018 年 11 月，在两国总理的见证下，中俄签署了《中华人民共和国政府和俄罗斯联邦政府关于和平使用北斗和格洛纳斯全球卫星导航系统的合作协定》，为中俄卫星导航合作提供了法律基础和组织保障，对实现两系统优势互补、融合发展具有里程碑意义，标志着北斗与格洛纳斯系统合作迈入新阶段。未来，北斗将以更新的姿态、更强的能力、更优的服务，造福人类，服务全球，继续为世界贡献中国智慧和力量。

4. 向月球进发——中国探月工程

北京时间 2020 年 12 月 17 日 1 时 59 分，探月工程嫦娥五号返回器在内蒙古四子王旗预定区域成功着陆。嫦娥五号探测器在一次任务中，连续实现中国航天史上首次月面采样、月面起飞、月球轨道交会对接、带样返回等多个重大突破，为中国探月工程“绕、落、回”三步走发展规划画上了圆满句号。

2020 年 12 月 17 日 1 时 59 分，嫦娥五号返回器携带月球样品在内蒙古四子王旗预定区域安全着陆，探月工程嫦娥五号任务取得圆满成功。

这次任务之所以令人激动，也因为上一次从月球采样返回地球还是在20世纪六七十年代。当时从月球带回的样本来自于35亿年前火山活动便停止了的区域。这一次，嫦娥五号在月球正面最大的月海风暴洋北部吕姆克山脉附近着陆，此地从未有其他国家的探测器到访过。月球正面风暴洋相对较年轻，富集铀、钍、钾等放射性元素，存在大约13亿至20亿年前的玄武岩，获得这些年轻玄武岩的同位素年龄，将有助于推进对月球火山活动和演化历史的认识。它可以填补科学家对月球火山活动研究的一个重要空白。

早在1991年，中国的航天专家就提出要开展月球探测工程。2004年1月，国务院批准绕月探测工程立项，命名为嫦娥工程，正式吹响了向月球进发的号角。中国的探月工程以无人探测为主，分为“绕”“回”“落”三个阶段。第一阶段发射月球探测卫星，实现绕月探测，由嫦娥一号任务组成。2007年10月24日，嫦娥一号卫星成功发射，经地球调相轨道进入地月转移轨道，实现月球捕获后，在200公里圆轨道开展绕月探测。第二阶段实现月球软着陆和月面巡视勘察等，由嫦娥二号、三号、四号任务组成。2010年，嫦娥二号为月面软着陆验证了关键技术，飞行突破7000万公里，刷新了中国航天器迄今到达的最远距离；2013年，嫦娥三号成功着陆月球，使中国成为世界上第三个月面软着陆国家，并创下在月球表面工作时间最长的世界纪录；2018年，嫦娥四号首次实现人类航天器造访月球背面崎岖苍凉的土地。第三阶段实现月面自动采样返回，并开展月球样品地面分析研究。由嫦娥五号、六号任务组成。

嫦娥五号任务作为中国复杂度最高、技术跨度最大的航天系统工程，成功实现了多方面技术创新、突破了一系列关键技术，对于中国

嫦娥五号探测器模型

提升航天技术水平、完善探月工程体系、开展月球科学研究、组织后续月球及星际探测任务，具有承前启后、里程碑式的重要意义。

中国人探索太空的脚步一直没有停歇。2020 年 7 月 23 日，天问一号在文昌航天发射场由长征五号遥四运载火箭发射升空，成功进入预定轨道。天问一号计划于 2021 年 2 月到达火星，实施火星捕获。根据深空探测发展计划，中国将在 2030 年前开展火星、小行星及木星探测，向着更远的深空不断进发。

（二）从“5 战队”到歼 20、C919

1. 从无到有艰难起飞的第一代国产军机——长空“5 战队”

从 20 世纪 50 年代中期开始，中国航空工业相继制造出第一代各个型号的国产军用飞机，像初教 5、歼 5、轰 5、强 5、运 5、直 5 等，“5”成为中国空军历史上一个具有特殊意义的数字。第一批国产战机

“2018 珠海航展”闭幕日当天，歼 10A 编队进行飞行表演。

型号都是用“5”命名的，被称为“5 战队”。

在人民空军成立之初，许多人连飞机的样子都没有见过，更不要说驾驶飞机了，而国内的航空工业也只有维修战机的水平。就是在这种情况下，1954 年 7 月 3 日，距离人民空军成立仅仅不到 5 年的时间，中国自行生产的第一架飞机就试飞成功。这就是“5 战队”中的排头兵——初教 5。初教 5 是中国第一种自行制造的初级教练机，它结构简单，重量较轻，能像燕子一样在空中自由飞翔。它装有航行仪表、发动机仪表和无线电台等。飞机操纵容易，可使学员在完成各种初级训练科目后很快掌握飞机的基本驾驶技能。

在所有以“5”命名的飞机中，最知名的当属战斗机了。歼 5 是一种单座单发机头进气的后掠式中单翼高亚音速喷气战斗机，是中国制造的第一种喷气式飞机。

强 5，有着“低空爆破手”的美誉，是中国自行设计的第一种超音速战机。中国自行研制强击机，起步于 1958 年，到 1965 年 6 月 5 日，

歼 10A 降落

国产战机歼 20 进行编队飞行

中国自行研制的强 5 原型机在江西樟树冒着绵绵细雨腾空而起，成功实现了首飞。

从 5 开始起步，中国空军的战机型号不断涌现，性能也越来越先进，比如由轰 5 发展到轰 6、轰 7，由直 5 发展到直 9、直 10，由运 5 发展到现在最新型的运 20，歼击机则由歼 5 发展到歼 6、歼 7、歼 8，现在又有了更先进的歼 10、歼 11 和歼 20。可以说“长空 5 战队”为中国航空事业的发展奠定了坚实基础。

2017 年 5 月 5 日下午，国产大型客机 C919 在上海浦东国际机场首飞升空。

2. 夺取制空权的新一代隐身战斗机——歼 20

歼 20 是一款具备高隐身性、高态势感知、高机动性等能力的双发重型隐形战斗机，用于接替歼 10、歼 11 等第四代空中优势战机。首架技术工程验证机于 2009 年制造成功，并于 2011 年 1 月 11 日在成都黄田坝军用机场实现首飞。2016 年 11 月，歼 20 飞机在第 11 届中国国际航空航天博览会（中国航展）上进行飞行展示，这是中国自主研制的新一代隐身战斗机首次公开亮相。

歼 20 的亮相，标志着中国也跨入了五代战机时代，中国对隐形战机的设计和制造有了一定的技术储备，中国战机和世界军事先进国家的战机之间不再存有代差。

3. 托起中国民用航空运输的翅膀——C919 大飞机

从 1970 年中国自主研发的运 10 飞机立项起，中国人穿越了 47 个个春秋的“大飞机梦”，随着 2017 年 5 月 5 日中国首款具有完全自主

在中国商飞上海飞机制造有限公司浦东基地，两架 C919 客机同时出现。

知识产权的干线民用飞机 C919 的首飞成功而得以圆满。

C919 并不是一个冰冷的代号，这个名字可是被寄予了美好的期盼。C919 的全称是“COMAC919”，其中“C”是 China 的首字母，也是主制造商中国商飞公司的英文名称“COMAC”的简写；第一个“9”的寓意是天长地久；“19”代表的则是中国首个中型客机最大载客量为 190 座。

C919 的特殊意义在于，它是新时期中国真正面向市场的干线飞机，着眼于最主流的航空运输市场（150 座级），是完全按照国际主流适航标准和国际主流市场运营标准研制的干线飞机。十年磨一剑，从 2007 年大型飞机研制重大科技专项正式立项，到 2015 年 C919 飞机首架机在中国商飞总装制造中心总装下线，再到首飞成功，C919 的飞天之路彰显了中国航空工业的整体科技实力和中国智慧，是中国创新驱动战略的重大时代成果，再次以中国成就向世人展示了中华民族伟大复兴的坚定信念和不凡实力。

链接 C919大事记

- 2007年8月30日，决定成立大型客机项目筹备组。
- 2008年5月11日，中国商飞公司在黄浦江畔成立。
- 2009年1月6日，中国商飞公司发布首个单通道常规布局150座级大型客机机型代号“COMAC919”，简称“C919”。
- 2010年12月24日，中国民用航空局正式受理C919大型客机型号合格证申请。
- 2011年12月19日，C919大型客机项目首个零件——前登机门横梁在成都开工，机体制造全面铺开。
- 2012年7月31日，《C919飞机专项合格审定计划（PSCP）》在上海签署。
- 2013年12月31日，C919大型客机项目首架机机头在中航工业成飞民机下线。
- 2014年9月19日9时19分，C919飞机首架机在中国商飞新落成的总装制造中心开始机体对接工作。这标志着C919大型客机项目研制迈出具有里程碑意义的一步。
- 2015年11月2日，C919飞机首架机在中国商飞总装制造中心总装下线。
- 2016年12月25日，C919飞机首架机交付试飞中心。
- 2017年5月5日，首飞。
- 2018年6月22日，两架C919两地同步试飞。
- 2019年10月24日，C919大型客机105架机完成首次试验飞行。

2012 年 6 月 19 日，蛟龙号在西太平洋马里亚纳海沟试验区进行 7000 米级海第二次下潜，最深到达 6965 米，并完成指定作业任务。

（三）从蛟龙号到奋斗者号

1. 蛟龙号——第一艘深海载人潜水器

从百米浅海到万米深海，中国载人深潜事业劈风斩浪的几十年，先后突破了多项核心深潜技术，圆了一代又一代深潜人的“深蓝梦”。

蛟龙号载人潜水器是中国第一艘深海载人潜水器，由中国自行设计、自主集成研制。作为潜水器家族“三龙”之一，和无人无缆的潜龙号、无人有缆的海龙号不同，蛟龙号的优势在于定点悬停作业。2010 年 7 月蛟龙号下潜深度达到了 3759 米，使中国成为继美、法、俄、日之后，世界上第五个掌握 3500 米大深度载人深潜技术的国家。

在蛟龙号顺利交付之后，从 2009 年至 2012 年，蛟龙号接连取得 1000 米级、3000 米级、5000 米级和 7000 米级海试成功。下潜至 7000 米，说明蛟龙号载人潜水器集成技术的成熟，标志着中国深海潜水器成为海洋科学考察的前沿与制高点之一。

2. 深海勇士号——国产化率达 95% 以上

中国第二代载人潜水器——深海勇士号，是以实现国产化、降低运行成本、提高可靠性和可维护性为目标研制的一台拥有自主知识产权的 4500 米级载人潜水器，于 2017 年 8 月至 10 月在南海通过了海试验证。

与十年立项、十年研制的蛟龙号不同，深海勇士号从研制立项到海试交付只用了短短八年。它的声学系统在蛟龙号的基础上实现了多个声呐以及部件的国产化，国产化率超过 95%。深海勇士号 2020 年内完成了 100 个潜次的科考任务，创造了 8 天 12 潜次的新纪录。

深海勇士号的成功，进一步提升了中国载人深潜核心技术及关键部件的自主创新能力，有力推动了深潜装备谱系化发展和产业体系的建立，实现了中国载人深潜由集成创新向全面自主创新的历史性跨越。

3. 奋斗者号——创造“中国深度”新纪录

2020 年 11 月 10 日 8 时 12 分，中国全海深载人潜水器奋斗者号在马里亚纳海沟深度 10909 米处成功坐底，并停留了 6 个小时，进行一系列的深海探测科考活动，带回了矿物、沉积层、深海生物及深海水样等珍贵样本，并在深海中完成了和水上的通话。

就在此 10 多天前，奋斗者号在同一海域下潜一举突破 1 万米（10058）米大关。这连续取得的成就标志着中国万米级载人潜水器奋斗者号海试取得成功，意味着中国人驾驶自己的潜水器可以自由到达大洋任何深度并开展科学考察，取得了中国深海装备和深海技术的重大突破，实现了梦寐以求的中国科学家大洋科考“全海深”进入。

奋斗者号由蛟龙号、深海勇士号载人潜水器的科研团队承担主要的研发任务。它融合了蛟龙号、深海勇士之前两代深潜装备的优良血统，除了拥有安全稳定、动力强劲的能源系统，还拥有更加先进的控制系统和定位系统，以及更加耐压的载人球舱等。

从 1971 年“深潜救生艇研制工作组”成立，到奋斗者号一朝梦圆“全海深”科考，中国的载人深潜事业走过了非凡的历程。从 1000 米、4500 米、7000 米到万米级，中国目前已形成全海深潜水器能力。在建设海洋强国的路上，中国正不断向深海挺近，探索海洋、开发海洋、保护海洋。

（四）从 103 机到超级计算机

1. 实现从无到有的 103 机

1958 年，中科院计算所研制成功中国第一台小型电子管通用计算机 103 机（八一型），标志着中国第一台电子计算机的诞生。第一台计算机仅主机部分的几个大型机柜就占地 40 平方米，机体内有近 4000 个半导体储二极管和 800 个电子管。103 机采用磁芯和磁鼓存储器，内存仅有 1KB，运算速度为每秒 30 次。仅一年后，104 机就成功问世，运算速度提升到每秒 1 万次。从 30 次到 1 万次，只走过一年多的时间。

2. 算天、算地、算人的“超级大脑”

新中国成立以来，中国的计算机研发与制造不仅实现了从无到有，还取得了跻身世界前列的成就。超级计算机是计算机中功能最强、运算速度最快、存储容量最大的一类计算机，被誉为“计算机中的珠穆朗玛峰”，

“天河一号”全球超算 500 强夺冠认证书

“天河二号”超级计算机机房

国家超级计算无锡中心内的“神威 · 太湖之光”超级计算机机房

多用于国家高科技领域和尖端技术研究，是衡量国家科技发展水平和综合国力的重要指标之一。

中国第一台亿次巨型计算机是国防科技大学计算机研究所自行研制的“银河—I”，它的运算速度为每秒 1 亿次以上。“银河”之后还有“天河”。2010 年 11 月，“天河一号”首次摘下全球超级计算机 500 强榜单第一名，从摘得桂冠到现在已运行 9 年的“天河一号”成为国际同类超级计算机运行和满负荷应用时间最长的系统。此后，“神威蓝光”、曙光“星云”“天河二号”“太湖之光”等超级计算机先后登上世界顶级“超算”阵容。如今，中国已成为世界上超级计算机数量最多的国家。“天河”新一代百亿亿次（E 级）超级计算机将于 2021 年前后研制完成，将在世界上最快超级计算机的争夺战中，向世界冠军的宝座发起冲击。

超级计算机在国防建设、科技创新、国民经济发展等各个领域都发挥了重要作用。从航空航天数值风洞、数值气象预报、宇宙演化模拟，到海洋动力学计算、石油地震勘探处理，再到高通量虚拟药物设计、大规模基因数据处理以及工程数值仿真、高端装备设计等，“超算”

支撑了一大批依托高性能计算和大规模数据处理的国际前沿技术创新领域，显著提升了中国在国际上的技术地位和影响力。

（五）大数据、云计算、人工智能等新技术推动数字经济、平台经济、共享经济井喷式发展

1. 开启经济发展繁荣的新浪潮——数字经济

数字经济的发展，主要经历了诞生（20 世纪 60—70 年代）、发展（20 世纪 80—90 年代）、裂变（21 世纪初至今）三个阶段。20 世纪六七十年代，半导体产业的逐渐兴起为数字经济提供了新的物理载体，“数字经济”也由此诞生，伴随而来的还有 AMD、Intel 等一批高新的科技公司相继落户，该地区便是享誉全球的“硅谷”。到了 20 世纪八九十年代，以半导体微电子产业和计算机产业为基础的现代信息技术逐渐发展起来。这一时期，计算机行业的迅速发展不仅提高了社会处理信息的能力和效率，同时数据总量的急剧增长也使得信息呈现

穿梭于国家奥林匹克公园的新石器无人零售车

的形式发生了巨大变化，“信息”这一词汇逐步在商业市场中普及，数字经济进入了发展期。

在该阶段，中国也开始在半导体和计算机等现代信息技术领域发力。计算机与大规模集成电路技术被引进中国，电子和信息产业被确定为国家战略，集成电路、计算机、通信和软件成为重要的发展领域，推动了电子信息技术的广泛应用。在 1986 年，电子工业部向国务院提交《关于建立和发展我国软件产业的报告》，这也是中国第一个软件产业发展规划的指导性报告。中国在数字经济领域开启了奋起直追的模式。

直到临近 21 世纪，全球掀起“数字经济”浪潮，其中不可不提的便是“计算机”与“互联网”，也正是由于互联网的普及，数字经济进入初级裂变阶段。而中国的数字经济建设也在这一时期得到快速发展。从早期的三大门户网站，到阿里、京东的电子商务网络的搭建，以及后来的百度、腾讯的搜索引擎与社交媒体都迎来了一波发展的小浪潮，数字经济也随之繁荣而产生裂变。

数字经济代表的是新的产业变革，对传统产业的改造升级也有着不可或缺的作用，它可以在裂变中为各行各业赋能，有着无限的想象空间。伴随着相继涌现的物联网、云计算、大数据、人工智能、虚拟现实等新兴领域，不断为其他产业和整个数字经济的发展注入新的活力。

“数字就是生产力”已经成为一种共识。在不久前的全国网络安全与信息化工作会议上，提出了要加快推动数字产业化和产业数字化，推动互联网、大数据、人工智能和实体经济深度融合，加快制造业、农业、服务业的数字化、网络化和智能化。目前，数字经济已经成为继农业经济、工业经济之后一种新的经济社会发展形态，是新一轮产业革命的典型代表。伴随着云计算、大数据、人工智能、工业互联网的发展，新一轮信息技术革命正在爆发，数字经济也在崛起。

据《世界互联网发展报告 2018》显示，2017 年，全球数字经济规模达到 12.9 万亿美元，美国和中国位居全球前两位。目前以数字经济为代表的新经济蓬勃发展，成为拉动全球经济增长的新引擎。中国也在信息技术和产业等数字经济上发力，并将数字经济概念上升到国家战略层面。2016 年，在杭州举办的 G20 峰会通过了《二十国集团数字经济发展与合作倡议》。2017 年，数字经济的提法出现在政府工作报告中。2018 年，中国数字经济总量达 27.2 万亿元，数字经济对 GDP 增长贡献率达 55%。

2. 助推实体产业快速发展的新模式——平台经济

互联网平台经济发展潜力巨大，在形成新经济增长点的同时，也能对实体产业起到带动和激活效应。其在解决消费需求“痛点”的同时，也创造出更多新的就业机会，成为就业扩容器和缓冲带。同时，还为普通民众提供创业机会、降低创业门槛，特别是处于贫困地区的农户，可以借助互联网将特色农产品销售到城市，实现精准扶贫、精准脱贫。

互联网平台经济可以在去产能、去库存、去杠杆、降成本等多个方面助力供给侧结构性改革。从去产能看，通过对接消费者的需求信息，互联网企业可以实现产品定制化，实现生产能力有效利用。从去库存看，能够释放潜在购买力，提高资源利用率。从去杠杆看，以众筹为代表的互联网金融投融资模型，能够帮助投资者更好地判断项目未来的发展前景，帮助创业能力强的企业家纾解融资瓶颈，以股权融资替代以银行信贷为代表的传统债权融资，实现社会资金的有效配置等。

平台经济发展也得到了中国政府部门的支持。中国国务院专门召开常务会议，确定支持平台经济健康发展的措施，壮大优结构、促升级、增就业的新动能。会议指出，要遵循规律、顺势而为，支持推动平台经济健康发展。作为一种新兴的商业模式，平台经济已经成为现代经济领域中不可或缺的组成部分。近年来，以“互联网 +”为代表的平台经济在中国迅猛发展，根据工信部公布的数据，中国规模以上互联网和相关服务企业（简称互联网企业）完成业务收入 9562 亿元，比上年增长 20.3%。同时，网上服务类行业的市场发展空间非常广阔，

滴滴、美团、饿了么三大外卖平台

美团、饿了么送餐车

支付宝和微信支付

此前发布的《互联网经济蓝皮书：中国互联网经济发展报告（2018）》显示，服务类行业的互联网渗透仅为12.7%，存在巨大的潜力。

互联网平台经济成为生产力新的组织方式，是经济发展的新动能，对优化资源配置、促进跨界融通发展和“双创”、推动产业升级、拓展消费市场尤其是增加就业，都有重要作用。

3. 依靠技术激发闲置资源的新活力——共享经济

共享经济是一种优化资源配置、高效社会治理的新经济模式，是基于互联网等现代信息技术支撑，由资源供给方通过技术平台将暂时闲置的资源（或技能服务），有偿提供给资源的需求方使用，需求方获得资源的使用权（或享受服务），而供给方则获得相应报酬的市场化模式。通过技术平台的整合，达到了资源的有效配置、城市的有效治理，市民更方便地获得城市社会服务的目标。共享经济有五个特点：一是基于互联网、物联网、大数据、云计算、人工智能等技术支撑；二是广泛的数据应用；三是通过共享实现海量、分散、闲置资源的优化配置；四是市场化方式高效提供社会服务，满足多样化的社会需求；五是具有准公共产品的特征。

中国城镇化正以每年超过1个百分点的速度增长，城镇常住人口已经达到8.13亿。与此同时，中国有8.02亿网民，其中手机网民7.88亿，城镇网民5.91亿。亿万人生活在其中的城市也变得越来越具有智慧。比如，互联网催生了一系列技术革新，互联网快速叫餐，微信、支付宝快捷支付，共享单车随扫随骑随停，网约车一键呼叫、快速应答，共享经济悄然改变了中国人民的生活，给城市治理和社会发展带来诸多好处。

第一，有效提高资源利用效率。2017年滴滴顺风车和快车、拼车

共享健身仓

共享洗衣机亮相上海街头

共享汽车

服务累计分享座位超过 10.5 亿个，帮助司机平均提升 24% 的车辆利用率。北京途歌大数据平台显示，北京地区每辆共享汽车平均每天使用频次达 5.1 次，平均每次行驶距离为 20 公里，是普通私家车的 4 倍以上，大大提高了汽车的使用效率。

第二，降低能源消耗及碳排放。2017 年，共享单车用户骑行超 299.47 亿公里，减少碳排放超 699 万吨。摩拜大数据显示，摩拜单车全国骑行总距离超过 25 亿公里，相当于往返月球 3300 次；累计节约 4.6 亿升汽油，减少碳排放 54 万吨，相当于 17 万辆小汽车一年的碳排放量，减少了 45 亿微克 $PM_{2.5}$ 物质排放。

第三，方便城乡居民生活。“共享单车 + 地铁”提升出行效率，解决了“最后一公里”的难题。养老、美甲、美容、按摩、家政、家电维修、洗衣等生活服务可以在家里预约、在家里完成；生鲜果蔬、超市商场购

北京街头五颜六色的共享单车

物可以足不出户，送货上门；出门在外，再不用担心手机没电了……共享经济给人们带来了崭新的生活服务。

第四，增加大量城市就业岗位。共享经济承载了大量的传统行业劳动力，滴滴平台为社会创造了超过 3000 万个灵活就业机会，2017 年 6 月至 2018 年 6 月，共有 3066 万人（含专车、快车、顺风车、代驾、豪华车司机和车主）在滴滴平台获得收入，其中之前失业和无工作的车主占 6%。当前中国共享单车行业共带动就业 10 万人，仅摩拜 2018 年的产业就业带动人数就为 1.5 万—2 万人。

最后，实现中国城市创新模式。共享经济渐渐融入城市治理，借助互联网等技术手段，提高了城市资源配置效率，在低碳节能、生态宜居、方便服务、智慧高效等方面实现了创新探索，给传统发展模式注入新的活力。

第三章

协调发展：对决发展不平衡

协调是一个国家持续健康发展的内在要求，也是实现人民共同富裕、国家公平正义的必然要求。当前，在中国共产党的领导下，中国经济发展取得了举世瞩目的历史性成就，但若想保持经济的持续健康发展以及国民生活水平的不断提升，就必须解决长期以来困扰中国经济转型升级的问题。

中华人民共和国成立以来，特别是改革开放以来，这一新兴的社会主义国家发生了历史性的变革。2017 年，习近平在中国共产党第十九次全国代表大会上所作的报告中指出，中国特色社会主义进入了新时代，这是当前中国发展所处的新的历史方位。新时代背景下，中国社会的主要矛盾已经转化为人民日益增长的美好生活需要和不平衡不充分的发展之间的矛盾。在新的历史起点上，着重解决发展不平衡、不充分的问题，成为中国共产党实现国家富强、民族振兴和人民幸福的重要抓手。

《中共中央关于制定国民经济和社会发展第十三个五年规划的建议》指出："协调是持续健康发展的内在要求。必须牢牢把握中国特色社会主义事业总体布局，正确处理发展中的重大关系，重点促进城乡区域协调发展，促进经济社会协调发展，促进新型工业化、信息化、城镇化、农业现代化同步发展，在增强国家硬实力的同时注重提升国家软实力，不断增强发展整体性。""千钧将一羽，轻重在平衡。"只有增强协调性，才能使中国经济发展行稳致远。必须坚持协调发展理念，解决发展不平衡的问题，进一步增强发展的整体性、协调性，推动平衡发展新格局的形成。因此，在全面实现“十三五”发展目标的征程上，中国必须坚持协调发展，重在“全面”，在协调发展中拓宽发展空间，在加强薄弱领域中增强发展后劲。

一、区域协调发展

区域协调发展战略是中国共产党十六届三中全会提出的“五个统筹”之一，即积极推进西部大开发，振兴东北地区等老工业基地，促进中部地区崛起，鼓励东部地区率先发展，以便充分发挥各个地区的优势和积极性。

2017 年 10 月 18 日，习近平在中国共产党第十九次全国代表大会上的报告中指出，实施区域协调发展战略，加大力度支持革命老区、民族地区、边疆地区、贫困地区加快发展，强化举措推进西部大开发形成新格局，深化改革加快东北等老工业基地振兴，发挥优势推动中部地区崛起，创新引领率先实现东部地区优化发展，建立更加有效的区域协调发展新机制。因此，当前中国区域协调发展主要是统筹东中西、协调南北方，推动区域协调发展，紧扣解决发展中不平衡、不协调、不可持续等问题，切实把调整比例、补齐短板、优化结构作为一项重大而紧迫的任务，在协调发展中拓宽发展空间，在加强薄弱领域中增强发展后劲。

（一）东部率先、中部崛起、西部开发及东北振兴

“十三五”时期，中国紧扣解决发展中不平衡、不协调、不可持续等问题，推进西部大开发、东北地区等老工业基地振兴、中部地区崛起、东部地区率先发展“四大板块”区域发展总体战略。这是首次将西部大开发、东北振兴、中部崛起和东部率先发展概括为“四大板块”。从中国特色社会主义新时代的经济新常态大背景来看，中西部地区有较强的后发优势，东部有着深厚的发展实力，因此，中西部地区正是当前和今后很长一段时期中国经济持续健康发展的最大回旋空间。各地区只有紧抓机遇，充分发挥主动性和创造性，各展所长、优势互补、竞相发展，促进产业梯度转移，区域发展的协调性才能进一步增强。

1. 东部率先

中国东部地区位于东亚大陆东缘，是中国东部沿海地区以及中国东部、南部的渤海、黄海、东海和南海的总称。中国东部是在改革开放政策下腾飞起来的典型代表。20 世纪 80 年代，深圳特区的开放，带动了珠江三角洲地区的改革发展；90 年代，浦东新区的开发开放，带动了长江三角洲和长江流域的改革发展。在中国深化供给侧结构性改革、加快新旧动能转换的关键时期，作为占中国经济比重超过 50% 的地区，东部地区如何发展、实现怎样的发展，对中国经济的整体发展有着重要的示范作用。

2018 年 11 月 29 日，上海自贸试验区率先对融资租赁产业放出红利，10 家融资租赁企业集中签约，重磅推出 20 条产业支持政策，对标国内外最好水平和最高标准，成立一站式服务中心。上海自贸试验区是全国融资租赁业中资产规模最大、业务种类最全、行业环境最好的地区之一，也是东部率先政策下优先享受政策福利的地区之一。

2013 年 9 月，中国首个自贸试验区——上海自贸试验区挂牌成立，此后，习近平总书记曾连续 5 年前往他所在的上海代表团参加审议，谈改革，话创新，讲社会治理，理思路，明方向，提振精气神。水果进口之旅的变化，就能折射出在自贸试验区改革的带动下，贸易和投资便利化水平的不断升级。春节期间，各种进口水果纷纷在沪登场。智利车厘子、墨西哥牛油果、新西兰猕猴桃……不仅新鲜，价格也比以前实惠，吸引了不少市民尝鲜。

链接　上海自贸试验区的演进

▶ 2013 年 9 月

依托四个海关特殊监管区域，成立上海自贸试验区：

- 外高桥保税区
- 外高桥保税物流园区
- 洋山保税港区
- 浦东机场综合保税区

▶ 2015 年 4 月

扩区至：

- 陆家嘴金融片区（含世博地区）
- 张江高科技片区
- 金桥开发片区

▶ 2019 年 8 月 设立临港新片区

航拍上海自贸区临港新片区滴水湖风光

科技创新还不断释放出对经济发展的辐射力。2018 年，位于上海的中科院神经所科研人员首次实现基因编辑疾病猴“量产克隆”，成为继 2017 年中国率先攻克非人灵长类动物克隆世界难题后的又一重要突破。中共十八大以来，中国深入实施推动东部地区率先发展战略，聚焦推动产业升级，实施创新驱动发展战略，完善全方位开放型经济体系。经过努力，东部地区率先实现转型升级、开放创新，并走在全国前列，新动能、新亮点不断涌现，对全国发展的引领作用非常突出。

1978 年，安徽省凤阳县小岗村的家庭联产承包责任制，拉开了中国对内改革的大幕。改革开放后，为充分发挥东部地区沿海的地理优势，中国共产党实施了鼓励东部地区率先发展的战略。如今，东部地区经济发展迅速，已经成为带动中国国民经济持续快速增长的核心区和增长极。据中国国家统计局核算司统计，改革开放以来，东部地区生产总值年均增速居四大区域之首，比中部、西部、东北地区分别高 1.0、1.0 和 2.4 个百分点。从人均水平看，2017 年东部地区人均地区生产总值约为 11530 美元，已经接近世界银行定义的高收入国家 12736 美元的门槛。并且，东部地区依托沿海优势，在对外开放中发挥了巨大作用。

中国共产党第十九次全国代表大会的召开，标志着中国特色社会主义进入新时代，东部地区通过转型升级，经济发展、科技创新、人民幸福指数、对外开放程度、生态保护等都领跑全国。数据显示，过去 5 年，上海全市生产总值年均增长 7.2%，2016 年超 2.7 万亿元。2016 年，江苏全省研发投入占 GDP 比重达到 2.61%，科技进步对经济增长贡献率达到 61%，高新技术产业产值占规模以上工业总产值的比重为 41.5%，万人发明专利拥有量 18.4 件，区域创新能力连续 8 年位居全国首位。

东部地区的对外开放力度也更加强劲。借着共建“一带一路”的东风，近年来，东部地区的各大省市将自身优势与之充分结合，深化同有关国家和地区多领域互利共赢的务实合作，加快建立全方位开放型经济体系，更高层次参与国际合作与竞争。例如，2016 年，江苏省赴“一带一路”沿线国家投资项目 222 个，已覆盖其中 54 个国家，协议投资额 30.9 亿美元，其中制造业投资 15.4 亿美元。

中国改革开放的 40 年是实现经济增长的 40 年，东部地区的率先发展为整个国家经济发展起到先行先试、搭桥铺路的作用。中共十九大以来，习近平总书记就东部地区率先发展作出新的重要指示，东部地区将会在实现中华民族伟大复兴的新征程中继续发挥引领和带动作用。

2. 中部崛起

中国中部地区包括山西、安徽、江西、河南、湖北、湖南六省，承东启西、连南接北，是中国内陆最核心的地区，在整个国家发展格局中具有举足轻重的战略地位。

中部地区崛起是中国促进中部六省共同崛起的一项政策，是 2004 年 3 月首次明确提出的。

进入中国特色社会主义新时代以来，为进一步发挥中部地区交通网络发达、生产要素密集、人力资源丰富、产业门类齐全等优势，在中国新经济发展和新一轮全方位对外开放中，中央政府高度重视中部地区发展，力争使中部地区再上一个新台阶。2016 年 12 月 7 日，国务院总理李克强主持召开国务院常务会议，审议通过促进中部地区崛起规划，即《促进中部地区崛起“十三五”规划》。2019 年是中部崛起规划出台 10 周年，5 月 21 日，习近平总书记在江西考察并主持召开推动中部地区崛起工作座谈会，提出要贯彻新发展理念，推动高质量发展，奋力开创中部地区崛起新局面。

2018 年 6 月 23 日，一架满载货物的波音 747 飞机，从加拿大埃德蒙顿市经过长途飞行降落在河南郑州机场，开启了这座中部城市的航空发展新篇章。2013 年 3 月，河南郑州获批成为中国第一个以航空港经济为引领的实验区，依托这个国家战略平台和郑州—卢森堡“空中丝绸之路”的优势，郑州近年来大力建设航空枢纽，一座航空新都市正在崛起，这座位于中国中部的城市在新一轮中部崛起战略决策的影响下，成为崛起中的新秀。中部崛起惠及 6 个省份，郑州只是近几年中部地区迅速发展的一个缩影。相关资料显示，在中部六个省会城市中，武汉早已跨入中国 GDP 十强，长沙也于 2017 年首破万亿，郑州在 2018 年跨进万亿俱乐部，合肥跻身世界级城市群，南昌和太原也在各自区域内实现飞速发展。如今的中国中部地区，不仅成为全国经济增速最快的区域之一，也在很大程度上促进了中国的协调发展。

郑州新郑机场，阿塞拜疆丝绸之路西部航空公司全货机正在装卸货物。

新时代中部崛起的战略决策是基于中国经济发展转型升级以及区域发展战略调整之上的。中国自 1978 年实行改革开放后，经济发展速度开始加快，但由于各地区所处地理位置不同，发展所具备的天然禀赋有所差异，因此，发展的速度、方式和程度各不相同。东部地区有着天然的地理位置优越条件，西部地区有着丰富的自然资源且地域辽阔，而中部地区人口密集，发展程度不如东部，发展优势不如西部。经过改革开放 40 多年的飞速发展，中国当前已进入经济发展转型升级的关键时期，不平衡、不协调、不可持续的问题仍然突出，经济增速换挡、结构调整阵痛、动能转换困难相互交织，此时就需要充分发挥中部地区的地理位置优势了。中部地区连接东西、贯穿南北，人口分布较为集中，形成了较为便利的交通网络系统，能够为当前中国经济结构转型升级提供重要的平台支持和资源支撑。中共十九大报告要求实施区域协调发展战略，这是在区域全面发展战略的基础上提出的，也是对中国区域发展提出的新要求，贯穿着新发展理念。协调发展的最终落脚点还是为人民群众谋福利、谋幸福。中国共产党始终坚持以人民为中心的发展战略，在宏观上，中部崛起对于区域协调发展有着至关重要的作用；在微观上，中部崛起对于提高全民生活水平、促进人的自由全面发展有着巨大的推动作用。

新时代，中部崛起战略定位就是巩固提升“三基地、一枢纽”地位，适应新形势、新任务、新要求，科学确定新时期中部地区在全国发展大局中的战略定位。

链接 “三基地、一枢纽”

▷ “三基地”

- 国家重要粮食生产基地
- 能源原材料基地
- 现代装备制造及高技术产业基地

▷ “一枢纽”

- 综合交通运输枢纽

第一，为大力实施创新驱动发展战略，建成全国重要先进制造业中心，中国政府颁布了《中国制造 2025》计划，目的是培育形成一批具有国际水平的先进制造龙头企业和产业集群，并在部分领域能够引领全国先进制造业发展。

第二，城镇化率已成为衡量一个地区或一个国家现代化程度的重要标准之一。中部地区城镇化率相对较低，中部崛起的一个重点任务就是促使中部地区城镇化取得突破性进展，建设成为全国新型城镇化重点区。

武汉城市圈首条城际铁路客运专线——武（武汉）咸（咸宁）城际铁路

第三，中部地区有着广阔的平原、肥沃的土壤，并且农业人口较多，是全国重要的粮食生产基地。中部崛起必须充分利用和发挥这一优势产业。因此，必须加快推进农业现代化，推动农业生产方式由数量规模型向质量效益型转变，最终建设成为全国现代农业发展的核心区，提高农业综合生产能力。

河南洛阳，农民趁好天气抢收小麦。

第四，中部崛起绝不能以牺牲环境、破坏生态为代价。中国共产党是马克思主义执政党，尤为关注人与自然的关系。如何正确处理人与自然的关系、保护人类共同的生态家园贯穿于发展的始终。因此，在中部崛起战略规划中，要充分发挥江西全国生态文明示范省、武汉城市圈、长株潭城市群“两型社会”综合配套改革试验区，以及山西省资源型经济转型综合配套改革试验区等平台的作用，探索创新生态文明建设机制，塑造一批全国生态文明建设的典范。

第五，当今世界是全球化的时代，中国坚定地实施对外开放政策，

江西婺源，万亩梯田“油菜花海”迎春绽放。

并不断扩大开放程度。中部崛起也要牢牢抓住推进“一带一路”建设的重大机遇，积极融入京津冀协同发展、长江经济带发展战略，推进高水平双向开放，为经济发展注入新活力。中部地区是中国新一轮工业化、城镇化、信息化和农业现代化的重点区域，是扩大内需、提升开放水平最具潜力的区域，也是支撑中国经济保持中高速增长的重要区域，在全国区域发展格局中占有举足轻重的战略地位。

中部地区在中国社会经济发展全局中也占有重要地位，并做出了重大贡献。促进中部崛起，有利于促进城乡区域协调发展，构建良性互动的发展新格局，为加快形成东、中、西部区域良性互动、协调发展的新局面提供战略支撑。

3. 西部开发

中国西部大开发地区包括重庆、四川、贵州、云南、西藏、陕西、甘肃等 12 个省区市，地貌以高山、高原为主，且交通不便，人口稀少，经济发展缓慢，与东部、中部地区的经济发展有较大差距。为了改变这一局面，中国政府于 1999 年出台了“西部大开发”发展战略；2000 年 1 月，国务院成立了西部地区开发领导小组；2006 年 12 月 8 日，国务院常务会议审议并原则通过《西部大开发“十一五”规划》；2012 年 2 月，国家发改委官员对西部大开发“十二五”规划进行解读，重点部署了西部开放基本思路；2016 年 12 月 23 日，李克强总理主持召开会议，审议通过《西部大开发“十三五”规划》，部署进一步推动西部大开发工作。至 2019 年，西部大开放战略已经实施近 20 年，在这段时间里，西部 12 个省区市经济的发展可谓发生了天翻地覆的变化。但西部和东部的差距仍在扩大，因此，在新时代，西部大开发不仅要提升西部整体经济水平与发展质量，更重要的是缩小东、西部的差距，实现平衡协调发展。

2013 年 9 月和 10 月，习近平主席分别提出建设“丝绸之路经济带”和“21 世纪海上丝绸之路”的倡议。“一带一路”是顺应世界多极化、经济全球化、区域经济一体化、社会信息化的时代潮流而作出的重大决策，也是解决东西部经济发展不均衡问题的一剂良方。在此之前，中国的对外开放主要集中于东部沿海地区，西部地区由于地处偏远的内陆，一直处于对外开放的边缘地带，“一带一路”将构筑起中国新一轮对外开放的“一体两翼”，促使西部地区充分发挥自有优势，尤其是和毗邻国家的区位优势，进而实现自身的发展。2019 年 4 月 26 日，第二届“一带一路”国际合作高峰论坛开幕，这是一条开放之路、机遇之路和繁荣之路。自“一带一路”倡议提出至今，西部地区基础设施不断完善，中欧班列、陆海新通道等大通道建设不断加快，跨国经济走廊合作日益深化，铁路、港口、公路、管网等基础设施项目合作稳步推进。“一带一路”倡议可视为西部大开发的升级版，如此，西部成为新时代改革开放的最前沿，将有利于打破旧的发展模式，推动建立开放型经济体系，有利于解决东西部发展不平衡的问题。

链接　“一带一路”六大经济走廊

- 新亚欧大陆桥经济走廊
- 中蒙俄经济走廊
- 中国—中亚—西亚经济走廊
- 中国—中南半岛经济走廊
- 中巴经济走廊
- 孟中印缅经济走廊

交通基础设施是西部大开发的重点任务。西部地区山脉、高原地貌居多，并且有大块的荒漠，交通设施不完善已成为阻碍其经济发展的关键因素。因此，西部大开发首先要解决的就是交通设施问题。2018 年，国家发改委在西部大开发进展发布会上表示，2018—2019 年要加快成贵高铁的建设，尽快开工建设川藏铁路、渝昆高铁、西渝高铁等大通道，加快建设一批高速公路，拓展区域连接线。此后，西部各省也陆续出台了本省基础设施规划，贵州省提出基础设施“六网会战”，建成贵阳至成都、安顺至六盘水等高速铁路，总里程突破 1650 公里。基础设施投资增长 14% 以上。云南省要抓以综合交通、水利、能源、信息、物流为主要内容的“五网”基础设施建设，力争全年基础设施投资增长 20% 以上。广西则强调，自治区层面统筹推进重大项目 850 项，务实推进西部陆海新通道建设。在中国有一句基于发展实践经验而得出的结论—“要想富，先修路”。西部地区要实现快速发展，就必须先通路。

2015 年 7 月 9 日，首个国家级数据中心——灾备中心落户贵州，

2019 年 12 月 16 日，成贵高铁全线开通运营。图为一列成贵高铁动车穿过宜宾金沙江公铁两用大桥。

这标志着大数据专项行动第一阶段任务的顺利落实。这条专线跨越了北京与贵州之间2200多公里的距离，实现了国家旅游局北京机房与贵州灾备中心数据的同步传输和异地备份。200余个大数据信息产业项目签约落户贵州，富士康、阿里巴巴、腾讯、华为等大型企业抢滩贵州发展。西部地区发展不仅要注重保护和开放，还要狠抓质量这条线。高质量发展是贯彻落实新发展理念的基本要求。发展大数据是绿色发展的迫切需求，也是推动高质量发展的现实选择。大数据中心建设有助于大数据产业形成集聚，通过部署云数据中心、研发创新中心、生态疗养中心、配套服务中心等数据产业承载机体，形成综合性绿色大数据产业基地。当前，中国正处于深化供给侧结构性改革的关键期，加强科技创新，拓展新空间，加快新旧动能转换，才能促进西部地区经济社会发展与人口、资源、环境相协调。

2019年是中国实施西部大开发战略的第20年，西部地区经济的巨变鲜明地呈现在一串串数字之中。根据《21世纪经济报道》对中国国家统计局、地方统计局历年数据的梳理与分析，从经济规模总量来看，12个省区市的经济总量从2009年的1.58万亿，增长到2018年的18.4万亿，即西部大开发的20年间，西部12个省区市的经济总量增长了11.6倍。尤其是在2013年到2018年间，西部地区生产总值从12.7万亿元增加到18.4万亿元，占全国的比重从19.8%提高到20.6%，主要经济指标高于全国平均水平。2019年3月19日，中央全面深化改革委员会第七次会议审议通过了《关于新时代推进西部大开发形成新格局的指导意见》，今后，发展改革委将围绕抓重点、补短板、强弱项，把握好“大保护”“大开放”“高质量”这三个关键词，对西部大开发的下一个十年作出重要部署。

4. 东北振兴

东北地区主要是指位于中国东北部的黑龙江、吉林、辽宁三省，这里有着悠久深厚的历史底蕴。东北三省还有一个享誉中外的美名：新中国工业的摇篮。东北地区经济起步较早，为新中国的发展壮大做出过历史性的贡献，有力地支援了全国的经济建设。但随着经济的发展，东北地区的老工业基地因发展方式落后及一些体制机制问题，影响了东北地区经济的转型升级与科技创新，还带来了人才流失等现象。“振兴东北”是为了支持东北地区等老工业基地加快调整和改造，实行东西互动，促进全国各地区的协调发展。

2015 年 12 月，中央审议通过《关于全面振兴东北地区等老工业基地的若干意见》，为东北振兴提供了重要保障。2016 年 4 月《中共中央国务院关于全面振兴东北地区等老工业基地的若干意见》出台，提出到 2020 年，东北地区在重要领域和关键环节改革上取得重大成果，并在此基础上再用 10 年左右的时间，实现全面振兴。近几年，中央政府出台了一系列文件，提出了一系列政策措施，这些都在逐步落实。

“我一直关注着东北老工业基地振兴发展。”这是近年来习近平总书记在东北考察时常挂在嘴边的一句话。2016 年“两会”期间，习近平在参加黑龙江代表团的审议时指出，振兴东北要扬长避短、扬长补短，向经济建设这个中心聚焦发力，打好发展组合拳，奋力走出全面振兴新路子。2018 年 9 月 25 日至 28 日，习近平总书记对东北三省进行了为期四天的考察，行程两千公里，把脉问诊东北地区，主持召开了深入推进东北振兴座谈会并发表重要讲话。习总书记强调：“东北地区是我国重要的工业和农业基地，维护国家国防安全、粮食安全、生态安全、能源安全、产业安全的战略地位十分重要，关乎国家发展大局。”

科技引领、注重构建协调发展新格局是新时代东北振兴的一大特点及优势。2019年6月29日到30日，以“改革开放，创新引领——科技助力新时代东北全面振兴”为主题的第二十一届中国科协年会在哈尔滨举办，多项成果、大赛、展览首次亮相冰城。年会的专项活动分为“科技引领、聚力振兴、引才惠民”三个主题板块，同期开展了多项重要活动，参加人数约6000人，深度对标国家发展战略，助力东北全面振兴。

东北振兴必须要以培育壮大新动能为重点，激发创新驱动内生动力。依靠创新把实体经济做实、做强、做优，坚持凤凰涅槃、腾笼换鸟，积极扶持新兴产业加快发展，尽快形成多点支撑、多业并举、多元发展的产业发展格局。此外，东北地区虽处在中国东部，但却缺少直接的对外开放港口。因此，振兴要以东北地区与东部地区对口合作为依托，深入推进东北振兴与京津冀协同发展、长江经济带发展、粤港澳大湾区建设等国家重大战略的对接，使南北互动起来。

对于新时代东北振兴，习近平总书记指出，要充分利用东北地区的独特资源和优势，推进寒地冰雪经济加快发展。“北国风光，千里冰封，万里雪飘”，近年来，东北三省充分利用冰雪资源优势，从供给侧入手，逐渐把“冷资源”变为“热产业”，打造惠及当地经济社会发展和人民生活的幸福产业。白雪皑皑的东北大地，晶莹剔透的雾凇奇观，热气缭绕的养生温泉，冰湖腾鱼的查干湖……因地制宜，吉林省全力打造冬季旅游品牌，不断增强对外吸引力。如今，冰雪、雾凇、温泉、民俗已然成为吉林省冬季旅游的“四大宝藏”。2017年11月1日至2018年1月11日，吉林市雾凇岛接待游客29.9万人次，同比增长36.53%；实现旅游综合收入超过4500万元，同比增长36%以上。农家乐由2013年的13家发展到现在的100多家。景区日均最大接待量近2万余人次。

同样，黑龙江省冰雪旅游也不断刷新纪录。2017 年的最后一天，哈尔滨冰雪大世界迎客超过 5 万人，市内酒店爆满。每年开放仅两个多月的哈尔滨冰雪大世界，创造了 1 万多个就业岗位。全面实现振兴东北老工业基地的工作虽任重道远，但全面振兴已经在路上。

吉林省吉林市，阿什小雾凇岛美景吸引游客前来观赏。

（二）“一带一路”建设、京津冀协同发展、长江经济带

2015 年 12 月 30 日，中国国家发改委发布《关于进一步加强区域

合作工作的指导意见》，强调要以区域发展总体战略，推动实施“一带一路”建设、京津冀协同发展、长江经济带建设三大战略。实现区域平衡协调发展，必须要充分发挥各城市以及各地区之间的协同发展优势。协调发展在某种程度上内含协同之义，这不是各自为营的独立发展之后实现平衡与协调，而是互帮互助、相互支持的发展方式。

1.“一带一路”建设

2013 年 9 月和 10 月，中国国家主席习近平分别提出建设“新丝绸之路经济带”和“21 世纪海上丝绸之路”的倡议，简称“一带一路”倡议（BRI）。“一带一路”秉承古丝绸之路和平互通、交流交融、文明对话的精神，一方面是把沿线各国人民紧密联系在一起，致力于合作共赢、共同发展，让各国人民更好地共享发展成果；另一方面是把中国国内各地区紧密联系起来，使东部带动西部开发、中部崛起和东北振兴，实现南北、中东西的全面平衡协调发展。古丝绸之路青史留名，正是中国对外交往在中华文化的熏陶与感染下取得的丰硕成果。没有战马长矛和坚船利炮，只有驼队和货船，传送了善意和友谊，切实推进民心相通。2015 年 3 月 28 日，中国国家发展改革委、外交部、商务部联合发布了《推动共建丝绸之路经济带和 21 世纪海上丝绸之路的愿景与行动》。2016 年 8 月 17 日，习近平在推进“一带一路”建设工作座谈会上的讲话中指出：“‘一带一路’建设追求的不是短期效应，而是要为我国发展塑造一个良好外部环境。我讲过，要打造一个‘一带一路’建设的‘朋友圈’。人文交流是软实力的体现，软实力强大了，开展政治、外交、经济活动的阻力就会小。人文合作投入小、影响大、管长远，关键是要重视起来，用‘随风潜入夜，润物细无声’的方式去做，推进民心相通，发挥文化影响力。”因此，“一带一路”

建设旨在传承古丝路精神，高举和平发展的旗帜，依靠中国与有关国家既有的双多边机制，借助既有的、行之有效的区域合作平台，积极发展与沿线国家的经济合作伙伴关系，共同打造政治互信、经济融合、文化包容的利益共同体、命运共同体和责任共同体。

“一带一路”建设的提出有着深刻的国内和国际背景。

从中国国内来看，改革开放40年使中国发展取得了举世瞩目的历史性成就，但同时也存在着发展不平衡不充分以及国际环境不和谐的问题。1978年召开的十一届三中全会开启了中国改革开放的历史征程。改革开放首先是在东部沿海地区，包括先后设立的深圳等5个经济特区，开放和开发了14个沿海港口城市和上海浦东新区等。像广东、福建、江苏、浙江、上海、深圳、厦门等省市都是最先受益者，而广大的中西部地区却没有得到充分发展，始终扮演着“追随者”的角色，这在一定程度上造成了东、中、西部区域发展的失衡。而“一带一路”建设中的“陆上丝绸之路经济带”主要贯穿于中西部，通过连接中国东北地区与国外地区实现对中西部发展的带动作用。“海上丝绸之路经济带”则通过牵动长江经济带与沿海经济带的耦合，加之东部地区的“自由贸易区”建设连片发展，将进一步提升对外开放水平，使中国对外开放的地理格局发生重大调整，也会给内陆地区带来巨大的发展动力。

从国际上来看，当今国际世界正发生深刻而复杂的变化，国际金融危机的深层次影响还在继续显现，世界经济复苏缓慢、发展分化，世界各国面临的发展问题依然严峻。共建“一带一路”顺应了世界多极化、经济全球化、文化多样化、社会信息化的潮流，秉持开放的区域合作精神，致力于维护全球自由贸易体系和开放型世界经济。

共建“一带一路”有助于促进沿线各国经济要素有序自由流动、资源高效配置和市场深度融合，推动沿线各国实现经济政策协调，实现沿线各国多元、自主、平衡、可持续的发展。

共建“一带一路”符合国际社会的根本利益，彰显人类社会共同理想和美好追求，沿线各国人民的人文交流与文明互鉴，让各国人民共享发展福利，也将为世界和平发展增添新的动能。

2019 年 4 月 27 日，雁栖湖畔，宾朋云集，第二届“一带一路”国际合作高峰论坛在北京雁栖湖国际会议中心举行圆桌峰会。此次峰会共有40个国家和国际组织的领导人出席,会议围绕“共建‘一带一路’、开创美好未来”的主题，就推进互联互通、加强政策对接以及推动绿色和可持续发展等议题深入交换意见。会后，中国作为东道国对其中具有代表性的成果进行了梳理和汇总，形成了第二届高峰论坛成果清单。清单包括中方打出的举措或发起的合作倡议、在高峰论坛期间或前夕签署的多双边合作文件、在高峰论坛框架下建立的多边合作平台、投资类项目及项目清单、融资类项目、中外地方政府和企业开展的合作项目，共计 6 大类 283 项。

有关数据显示，1979 至 2012 年，中国共引进外商投资项目 763278 个，实际利用外资总额达到 12761.08 亿美元。而“一带一路”经济区开放后，承包工程项目突破 3000 个。2015 年，中国企业共对“一带一路”相关的 49 个国家进行了直接投资，投资额同比增长 18.2%。2015 年，中国承接“一带一路”相关国家服务外包合同金额 178.3 亿美元，执行金额 121.5 亿美元，同比分别增长 42.6% 和 23.45%。

2013 年至 2017 年，中国与“一带一路”国家进出口总额达 69756.23 亿美元，与相关国家贸易增速高于中国对外整体增速，成为推动世界经济发展的重要力量。2019 年，中国与超过 60 个国家签署共建“一带一路”合作文件，遍布亚洲、非洲、大洋洲、拉丁美洲。5年时间里，中国已累计同122个国家、29个国际组织签署了170份政府间合作文件，一大批项目陆续签约或开工，一批综合效益好、带动作用大的项目完成建设，为当地民众带来了实实在在的收益。例如在交通方面，汉班托塔港二期工程主体完工、蒙古国首座互通立交桥主桥通车、沙特麦麦高铁运营等，不仅为多个国家实现互联互通提供了客观基础，也有力地推动了当地人民生活的改善。

在中国国内，围绕“一带一路”建设，全国31个省区市充分发挥比较优势，优化调整对接策略，形成了各具特色的开放新局面。北京出台了推进共建“一带一路”三年行动计划（2018—2020年），将着力优化提升对外交往平台、科技支撑平台、人文交流平台和服务支持平台的功能作用；江苏、江西、陕西、广西、天津等省市印发了2018年参与“一带一路”建设工作要点；辽宁发布“一带一路”综合试验区建设方案，这是国内首个在省级层面全域建设“一带一路”的路径拓展和实践创新；浙江发布《浙江省打造“一带一路”枢纽行动计划》，支持杭州申办“数字丝绸之路”国际峰会，打造“数字丝绸之路”门户枢纽。“一带一路”建设把中国东中西部、南北部都紧密连接起来，全面对外开放的格局进一步形成，这将极大推动国家整体协调平衡发展。

“一带一路”倡议，不仅绘就了中华民族对外开放、和平往来的美好愿景，而且唤起了沿线国家的历史记忆。古代丝绸之路不仅是一条贸易之路，更是一条友谊之路。中华民族在同其他民族的友好交往中，形成了以和平合作、开放包容、互学互鉴、互利共赢为特征的丝绸之路精神，并继续在新时代散发魅力。在新的历史条件下，中国提出“一带一路”倡议，就是要继承和发扬丝绸之路精神，把中国发展同沿线

链接 丝绸之路

丝绸之路起始于古代中国，是连接亚洲、非洲和欧洲的古代陆上商业贸易路线，最初的作用是运输古代中国出产的丝绸、瓷器等商品，后来成为东方与西方之间在经济、政治、文化等诸多方面进行交流的主要道路。

1877 年，德国地质地理学家李希霍芬在其著作《中国》一书中，把从公元前 114 年至公元 127 年间，中国与中亚、中国与印度间以丝绸贸易为媒介的这条西域交通道路命名为“丝绸之路”，这一名词很快被学术界和大众所接受，并正式运用。其后，德国历史学家郝尔曼在 20 世纪初出版的《中国与叙利亚之间的古代丝绸之路》一书中，根据新发现的文物考古资料，进一步把丝绸之路延伸到地中海西岸和小亚细亚，确定了丝绸之路的基本内涵，即它是中国古代经过中亚通往南亚、西亚以及欧洲、北非的陆上贸易交往的通道。

丝绸之路从运输方式上主要分为陆上丝绸之路和海上丝绸之路。

陆上丝绸之路，是指西汉（公元前 202 年—公元 8 年）武帝派张骞出使西域开辟的以首都长安（今西安）为起点，经甘肃、新疆，到中亚、西亚，并连接地中海各国的陆上通道。这条路被认为是连接亚欧大陆的古代东西方文明的交汇之路，而丝绸则是这条道路上最具代表性的商品。

海上丝绸之路，是指古代中国与世界其他地区进行经济文化交流交往的海上通道，也是最早开辟于秦汉时期。是从广州、泉州、宁波、扬州等沿海城市出发，从南洋到阿拉伯海，甚至远达非洲东海岸的海上贸易通道。

随着时代发展，“丝绸之路”成为古代中国与西方政治、经济、文化往来通道的统称。除了“陆上丝绸之路”和“海上丝绸之路”，还有“草原丝绸之路”“冰上丝绸之路”等。

国家发展结合起来，把中国东部沿海发展与中西部内陆发展结合起来，赋予古丝绸之路以新的时代内涵。

2. 京津冀协同发展

京津冀地区是中国的“首都经济圈”，包括北京市、天津市以及河北省的保定、唐山、廊坊、石家庄、邯郸等 11 个地级市以及定州和辛集两个省直辖市。其中北京、天津、保定、廊坊为中部核心功能区。京津冀协同发展，核心是将京津冀三地作为一个整体，疏解北京非首都功能、解决北京“大城市病”。“大城市病”的解决，一方面是求助于城市本身的调整优化空间布局和结构、构建现代化的交通网络体系、扩大城市空间环境容量等；另一方面是向外推进产业升级转移、发展共建共享的公共服务、拓展城市外围空间等。

京津冀地区同属京畿重地，战略地位十分重要。2014 年 2 月 26 日，习近平总书记主持召开京津冀协同发展座谈会并发表重要讲话，将京津冀协同发展提升到重大国家战略的高度，并指出，实现京津冀协同发展，是面向未来打造新的首都经济圈、推进区域发展体制机制创新的需要，是探索完善城市群布局和形态、为优化开发区域发展提供示范和样板的需要，是探索生态文明建设有效路径、促进人口经济资源环境相协调的需要，是实现京津冀优势互补、促进环渤海经济区发展、带动北方腹地发展的需要，是一个重大国家战略，要坚持优势互补、互利共赢、扎实推进，加快走出一条科学持续的协同发展路子来。

2018 年 11 月，中央政府明确要求以疏解北京非首都功能为“牛鼻子”推动京津冀协同发展，调整区域经济结构和空间结构，推动河北雄安新区和北京城市副中心建设，探索超大城市、特大城市等人口经济密集地区有序疏解功能，有效治理“大城市病”的优化开发模式。

京津冀协同发展是当前中国三大国家战略之一，自实施以来取得的成就有目共睹，未来更加让人期待。

京津冀协同发展战略思考由来已久。20世纪80年代中期，为实施国土整治战略，中国政府将京津冀地区作为“四大”试点地区之一（其他三个是沪苏浙、珠江三角洲和“三西”煤炭能源基地），开展全面的国土整治工作，以实现区域分工协作、发挥资源比较优势、治理生态环境、开展跨区域基础设施建设、优化产业和人口布局，实现区域协调发展。中共十八大以来，习近平总书记多次进行实地考察研究，通过一次次论证，为科学谋划京津冀协同发展作出了重要指示。

2017年2月24日，习近平总书记在北京考察时指出：“北京城市规划要深入思考‘建设一个什么样的首都，怎样建设首都’这个问题，把握好战略定位、空间格局、要素配置，坚持城乡统筹，落实‘多规合一’，形成一本规划、一张蓝图，着力提升首都核心功能，做到服务保障能力同城市战略定位相适应，人口资源环境同城市战略定位相协调，城市布局同城市战略定位相一致，不断朝着建设国际一流的和谐宜居之都的目标前进。”高质量高标准推动雄安新区规划建设和北京城市副中心规划建设，共同形成了北京新的“两翼”，是缓解北京首都压力、拓展区域发展新空间、实现京津冀三地协同发展的两项战略举措。

在2019年中国政府工作任务第六项“促进区域协调发展，提高新型城镇化质量”中，李克强总理指出：“京津冀协同发展重在疏解北京非首都功能，高标准建设雄安新区。”雄安新区位于中国河北省保定市境内，地处北京、天津、保定腹地，规划范围涵盖河北省雄县、容城、安新三县行政辖区（含白洋淀水域），任丘市鄚州镇、苟各庄阵、七间房乡和高阳县龙华乡，规划面积1770平方公里。因为雄安新区建

河北雄安新区，京雄城际铁路雄安站施工现场。

设的标准高、起点高，因此有人说：“80 年代看深圳，90 年代看浦东，21 世纪看雄安。”

规划建设城市副中心也是中央政府作出的重大决策部署，是千年大计、国家大事。北京城市副中心的建设是为调整北京空间格局、缓解中心城“城市病”的需要，也是为推动京津冀协同发展、探索优化首都地区开发模式的需要而提出的。北京城市副中心位于北京市域东部，距天安门约 25 公里。规划显示，城市副中心总用地面积 155 平方公里，加上拓展区覆盖通州全区约 906 平方公里。2019 年 1 月 11 日，北京市级行政中心正式迁入北京城市副中心。

2019 年 5 月 13 日 9 点 29 分，第一架试飞飞机降落北京大兴国际机场。全球首座高铁地下穿行的机场航站楼、全球首座双层出发双层到达的航站楼、世界最大单体航站楼……拥有多项“中国技术”、创下了诸多“世界之最”的大兴国际机场无疑为京津冀协同发展插上了一双腾飞的翅膀。随着京津冀区域经济发展的不断深入，北京大兴国

北京城市副中心行政办公区

际机场及其辐射带动的周边区域将打造成京津冀协同发展的新高地，乃至区域经济高质量发展的示范者和引领者。在交通一体化方面，京津冀三地与铁总共同出资成立京津冀城际铁路投资公司，编制了《京津冀城际铁路网规划修编方案（2015—2030年）》。5年多来，轨道上的京津冀越跑越快，“半小时圈”基本实现。截至2018年底，京津冀联手打通京台、京港澳、京昆、首都地区环线等高速公路和干线公路对接路，总里程达1600公里，主要城市之间形成“1小时交通圈”。京津冀高速“断头路”被打通，铁路也加速搭建。京津城际、京石高铁、津保铁路、石济客专相继开通，“轨道上的京津冀”率先成型。

京津冀协同发展战略布局提出并实施以来，京津冀三地都拿出了各有亮点的成绩单。雄安市民服务中心、北京城市副中心行政办公区、天津宝坻区京津中关村科技城展示中心相继竣工并投入使用。2015年以来，天津滨海新区共引进北京项目1699个，协议投资额3920.6亿元；园区累计注册企业941家，注册资金104.3亿元，中关村智造大

北京大兴国际机场内景

街、人工智能实验室等优质项目相继落户。产业转移取得重大突破，2015—2018 年，北京到津冀投资的认缴出资额累计超过 7000 亿元人民币。京津冀三地百姓的生活也在发生着巨大变化，他们“同呼吸，

共命运”，享受同一片蓝天，生态环保一体化取得明显成效。正是在这样的节奏下，京津冀协同发展不断取得突破和进展，并有了这一批标志性成果。习近平总书记明确提出，京津冀协同发展要打破自家“一亩三分地”的思维定式。要坚持“一家人”“一盘棋”“一体化”的发展思路，以充分发挥京津冀协同发展战略的巨大功能。

3. 长江经济带建设

长江是中国第一大河，世界第三长河，流域面积 180 万平方公里，约占中国陆地总面积的 1/5。长江流向自西向东，横贯中国中部，具有十分重要的战略地位。经过几千年的开发建设，长江流域已成为中国农业、工业、商业、文化教育和科学技术等方面最发达的地区之一。改革开放以来，长江经济带已发展成为中国综合实力最强、战略支撑作用最大的区域之一。但经过长期快速发展，长江经济带面临诸多亟待解决的困难和问题，主要是生态环境状况形势严峻、长江水道存在瓶颈制约、区域发展不平衡问题突出、产业转型升级任务艰巨、区域合作机制尚不健全等。2014 年 3 月，李克强总理在政府工作报告中提出："依托黄金水道，建设长江经济带。"同年 9 月，中国国务院出台《关于依托黄金水道推动长江经济带发展的指导意见》，长江经济带正式上升为国家战略。2016 年 1 月 5 日，习近平总书记在重庆召开推动长江经济带发展座谈会。推动长江经济带发展是国家的一项重大区域发展战略，这一战略是中国新一轮改革开放转型实施新区域开放开发战略，对于东中西互动合作的协调发展、沿海沿江沿边全面推进对内对外开放具有重要战略意义。同时，长江经济带也是生态文明建设的先行示范带。

区域协调发展战略是中国的重大国家战略之一，是出于对当前中国经济发展存在的不平衡问题而提出的重要解决思路。在诸多区域发展战略和规划中，长江经济带有着独特的区域战略特色和独有的协调发展价值，主要是因为长江经济带因其天然的区位和地势联结着东中西三大区域。长江经济带覆盖上海、江苏、浙江、安徽、江西、湖北、湖南、重庆、四川、云南、贵州等 11 个省市，面积约 205 万平方公里，横跨东中西三大区域。而且，长江经济带覆盖长江三角洲、长江中游和成渝三大城市群，因此要通过长江经济带发展建设，通过加强长江三角洲、长江中游和成渝三个城市群的规划，带动周边中小城市和小城镇的协调发展。此外，要通过江沿岸城市群的纽带作用，进一步打破沿线省市行政壁垒，实现道路和货物畅通，加快要素流动，增强市场配置资源的作用，为长江经济带的持续发展提供连贯的动力支持。

长江经济带的发展要依托长江三角洲、长江中游和成渝这三大城市群。长江三角洲是中国第一大经济区，是中央政府定位的中国综合实力最强的经济中心、全球重要的先进制造业基地、中国率先跻身世界级城市群的地区。根据中国国务院2010年批准的《长江三角洲地区区域规划》，长江三角洲包括上海市、江苏省和浙江省，区域面积21.07万平方公里。长江三角洲的民族工业基础好，诞生了中国第一批乡镇企业以及中国第一代和第二代本土企业家（即民族资本家和农民企业家）。改革开放以来，长江三角洲城市群以上海为依托，加大对外开放，吸引外资，发展第三产业，已成为中国经济最发达、城镇集聚程度最高的城市化地区，上海也成为享誉全球的国际化大都市。长江中游城市群以武汉为中心，是以武汉城市圈、环长株潭城市群、环鄱阳湖城市群为主体的特大型国家级城市群，承东启西、连南接北，是长江经济带的重要组成部分。成渝城市群以重庆、成都为中心，不仅是长江经济带的战略支撑，也是西部大开发的重要平台。培育发展成渝城市群，推动"一带一路"和长江经济带战略契合互动，将会大大提升长江经济带发展的质量与速度。

长江经济带，是向青山绿水要发展。2016年1月5日，习近平总书记在重庆主持召开的推动长江经济带发展座谈会上指出，长江拥有独特的生态系统，是中国重要的生态宝库。当前和今后相当长一个时期，要把修复长江生态环境摆在压倒性位置，共抓大保护，不搞大开发。

2019年4月22日下午，在一场围绕"区域协调发展新机制与长江经济带高质量发展"的圆桌对话中，江苏长江经济带研究院院长、南通大学教授成长春指出，"长江流域存在两个核心问题，一个是发展和保护之间的关系问题，另一个就是流域发展不均衡、不协调问题突出"。一直以来，长江作为黄金水道，担负着重要的化工物流任务。这是首次将改善生态环境放到第一的位置，长江经济带建设的思路已

湖北宜昌，长江流域秭归段实行全面禁捕，江面上只有货船往来。

湖南益阳，小天鹅落户南洞庭湖。

发生明显变化，从过去强调“黄金水道”“立体交通走廊”建设，到强调“绿色发展”。因此，要推进长江经济带建设，首要的是改善长江流域生态环境，坚持绿色发展，建设综合立体交通走廊，引导产业优化布局和分工协作。

长江经济带正在成为绿色的经济带、协调发展的经济带和生态环境共治的样本。岳阳楼上，极目远望，八百里洞庭，烟波浩渺。洞庭湖北接长江，南接湖南境内的湘、资、沅、澧四条大河，因此被比喻为“长江的肾”。2017年，湖南开始实施以“共抓大保护，不搞大开发”为导向的洞庭湖水环境综合治理三年行动。一方面，采取业主“自拆”、政府“帮拆”的方法，对境内长江、洞庭湖沿线非法砂石码头进行取缔关停；另一方面，推进封洲禁牧、生态补偿、农业投入品管控等行动。通过综合治理，近年来，洞庭湖湿地生态环境正得到全面恢复，珍稀鸟类频频出现，麋鹿、江豚自由嬉戏，这里成为动物们的天堂。在推进生态保护与修复的同时，长江经济带的经济发展并未因生态优先而降低发展速度，反而有了高质量发展的态势。数据显示，2017 年，长江经济带 110 个城市实现国内生产总值 36.8 万亿元，占全国比重达到 44.5%，比 2016 年增加了 1.2 个百分点；人均国内生产总值 65835 元，比全国人均水平高出 10.4%。

链接　长江黄金水道

长江是中国第一大河，是横贯中国东西的水运大动脉，素有“黄金水道”之称。长江干线航道上起云南水富港，下至长江入海口，全长 2838 公里。长江是货运量位居全球内河第一（因为长江流域人口数亿而且经济发达）的黄金水道，长江通道是中国国土空间开发最重要的东西轴线，在区域发展总体格局中具有重要的战略地位。长江沿线港口基本形成了以国家主要港口为骨干、地区重要港口为基础辐射全流域的总体格局，形成了比较齐备的集装箱、铁矿石、煤炭等江海转运体系以及汽车滚装和液化品等专业化运输体系。2013 年，长江经济带九省两市内河港口通过能力达 32.6 亿吨。长江经济带已成为继长三角、珠三角、环渤海之后的中国经济增长“第四极”。利用长江黄金水道优势降低物流成本，是在内陆地区发展钢铁、汽车等产业的重要条件。2016 年，《长江经济带发展规划纲要》正式印发，强调以长江黄金水道为依托，发挥上海、武汉、重庆的核心作用，以沿江主要城镇为节点，构建沿江绿色发展轴。依托黄金水道推动长江经济带发展，打造中国经济新支撑带，是中共政府审时度势，谋划中国经济新棋局而作出的既利当前又惠长远的重大战略决策。

二、城乡协调发展

新中国成立以来，尤其是改革开放以来，中国城乡发展取得了巨大成就。但在当前，经济发展不平衡、城乡二元经济现象仍然较为明显。中共十九大上，习近平总书记提出实施乡村振兴战略，这是解决区域发展不平稳、协调城乡发展、缩小城乡区域差距的战略决策。乡村振兴战略的提出，旨在把乡村发展与城市发展放在同等重要的位置，一方面是把乡村作为一个有机整体，充分立足于乡村的产业、生态、文化等资源，激发乡村发展活力，发挥乡村主体的积极性、主动性和创造性，建立更加可持续的内生增长机制，实现乡村振兴；另一方面是立足城市发展，通过城市带动农村、工业反哺农业，确立全新的城乡关系，缩小城乡差距，进而实现城乡融合发展。

（一）脱贫攻坚战

在"积贫积弱"基础上建立起来的新中国，贫困人口很多。中国共产党自成立以来就把为中国人民谋幸福、为中华民族谋复兴写在了自己的旗帜上。因此，新中国一成立，中国共产党就开始团结和带领全国各族人民为实现这一初心和使命而努力奋斗。经过七十年的努力，中华民族迎来了从站起来、富起来到强起来的历史性飞跃。但我们必须清楚地认识到，当前中国发展不平衡不充分的问题依然存在，并困扰着中国的持续健康发展。截至2014年底，中国仍有7000多万农村贫困人口。时空转换，初心不改。决战贫困，这是亘古未有的历史性跨越，也是中国共产党人前赴后继的责任和担当。

2015年11月27日至28日，中共中央扶贫开发工作会议在北京召开。习近平总书记强调，消除贫困、改善民生、逐步实现共同富裕，是社会主义的本质要求，是中国共产党的重要使命。全面建成小康社会，是中国共产党对中国人民的庄严承诺。

2017年10月18日，习近平总书记在中国共产党第十九次全国代表大会的报告中指出："坚决打赢脱贫攻坚战。要动员全党全国全社会力量，坚持精准扶贫、精准脱贫，坚持中央统筹省负总责市县抓落实的工作机制，强化党政一把手负总责的责任制，坚持大扶贫格局，注重扶贫同扶志、扶智相结合，深入实施东西部扶贫协作，重点攻克深度贫困地区脱贫任务，确保到二〇二〇年我国现行标准下农村贫困人口实现脱贫，贫困县全部摘帽，解决区域性整体贫困，做到脱真贫、真脱贫。"近年来，脱贫攻坚在力度、广度、深度和精准度上都达到了新的水平。随着一项项精准扶贫、精准脱贫举措的扎实落地，东西部扶贫协作和定点扶贫取得了突破性进展，贫困地区生产生活条件明显改善，多年困扰贫困群众的行路难、饮水难、用电难、通信难、教育难、就医难等问题，在大部分贫困地区得到了解决。

中国是世界上最大的发展中国家，而要在21世纪中叶建设成为社会主义现代化强国，顺利进入高收入国家行列，就需要实现贫困人口的脱贫，形成以中产阶层为主体的橄榄型社会结构，如此才能从根本上促进中国社会的成功转型，实现强国富民。

新中国成立以来，中国共产党带领人民持续向贫困宣战。经过70年尤其是改革开放40多年来的坚持努力与不懈奋斗，成功走出了一条中国特色扶贫开发道路，使7亿多农村贫困人口成功脱贫，贫困发生率下降94.4个百分点，为全面建成小康社会打下了坚实基础，也谱写了人类反贫困史上的辉煌篇章。中国也成为世界上减贫人口最多的国家，成为世界上率先完成联合国千年发展目标的国家。

人民对美好生活的向往，永远是中国共产党的奋斗目标。在决战面前，“最后一公里”剩下的大多是最难啃的“硬骨头”。行百里者半九十，贫困这个沉甸甸的痼疾，不是一朝一夕就能根治的，也不是一部分人敲敲锣鼓、喊喊口号就能完成的。因此，要动员全党全国全社会的力量，重点攻克深度贫困地区脱贫任务，做到脱真贫、真脱贫。只有实现全部脱贫，才能交出一份群众认可、经得起历史检验的答卷。

2019年3月5日，中国国务院总理李克强在政府工作报告中提出，要打好精准脱贫攻坚战。重点解决实现“两不愁三保障”面临的突出问题，加大“三区三州”等深度贫困地区脱贫攻坚力度，落实对特殊贫困人口的保障措施。当前，中国脱贫攻坚已经到了啃硬骨头、攻坚拔寨的冲刺

链接　“两不愁三保障”

“两不愁”是指不愁吃、不愁穿，“三保障”是指义务教育、基本医疗、住房安全有保障。到2020年稳定实现农村贫困人口“两不愁三保障”，是贫困人口脱贫的基本要求和核心目标。实现这一目标，意味着中国将比世界银行确定的在全球消除绝对贫困现象的时间提前整整10年。

阶段，必须以更大的决心、更明确的思路、更精准的举措、超常规的力度，实现脱贫攻坚的目标。

（二）城乡统筹

改革开放以来，中国经济飞速发展，但城乡发展在教育、医疗、卫生、服务等各方面所存在的差距也成为不平衡发展中较为突出的问题。“城乡二元思维”几乎在所有现代化国家中都曾不同程度出现过或是依然存在着。但要实现国家经济持续健康发展和国家社会稳定，就必须打破这种思维模式，实现城乡统筹发展。城乡统筹发展是指改变“城市工业、农村农业”的二元思维模式，将城市发展和农村发展统一结合、统一协调，形成紧密的互联互通关系，以全面发展进行战略布局，树立工农一体化的经济社会发展思路，从而解决城市和农村存在的问题。

中共十八届五中全会提出的五大发展理念中，把“协调发展”放在非常关键位置；中共十九大报告中也明确提出了统筹城乡发展，并对城乡发展作出了新的部署。2015 年 4 月 30 日，中共中央政治局就健全城乡发展一体化体制机制进行了第二十二次集体学习，习近平强调指出：“全面建成小康社会，最艰巨最繁重的任务在农村特别是农村贫困地区。我们一定要抓紧工作、加大投入，努力在统筹城乡关系上取得重大突破，特别是要在破解城乡二元结构、推进城乡要素平等交换和公共资源均衡配置上取得重大突破，给农村发展注入新的动力，让广大农民平等参与改革发展进程、共同享受改革发展成果。”

中国共产党十九大报告提出，到 21 世纪中叶，把中国建成富强民主文明和谐美丽的社会主义现代化强国。现代化是一个全面和整体的进程，要求社会各领域各区域的全面发展作支撑，农业农村现代化、城乡统筹协调发展是全面实现现代化的难点，也是薄弱环节。因此，必须采取重大战略措施，促进农业农村现代化，实现农村和城市的同向发展、同步现代化。

城乡协调发展有着深刻的历史渊源和现实背景。中国的改革开放是从农村开始的。1978 年，安徽凤阳县小岗村 18 户农民冒着风险在全国率先分田到户，翻开了中国农村改革的崭新一页，是中国改革开放的一个缩影。此后，改革在全国各地陆续开展，农村面貌发生了巨大变化。但同时，由于国内外面临的严峻形势，中国首先加大力气推动重工业的发展，这就造成城乡发展不平衡不协调的矛盾依然比较突出。从现实情况来看，近年来，随着新型城镇化进程的加快推进，农村人口虽然逐年减少，但乡村常住人口仍然接近 7.45 亿，占全国总人口的 57.01%，比重依然较高。农村整体发展水平、人均收入水平、基本公共服务水平等都远远落后于城市，且差距显著。习近平总书记在各种场合多次强调，“小康不小康，关键看老乡”，这句话既含有对“小康社会”的深刻认识，也体现了中国全面建成小康社会所面临的难点。此外，城乡差距是区域差距的重要表现形式，城乡统筹发展也将大大推进区域协调发展。区域发展的不协调，具体表现在东中西部地区及其内部各地区之间的差距上，但东中西部地区之间的差距则主要体现在中西部城市化率低，而东部地区的城市化率要远高于中西部。且中西部地区的城市对农村发展的带动小，这进一步加大了区域之间的差距。因此，统筹城乡发展不仅能够解决城乡发展之间的二元结构，而且将会极大促进整个国家的区域协调和平衡发展。中共十八大以后，城乡发展一体化成为全党全国的工作重心之一。2017 年，中共十九大明确提出建立健全城乡融合发展的体制机制和政策体系，城乡融合是城乡协调发展的战略方向。如此，才能实现城乡居民基本权益平等化、城乡公共服务均等化、城乡居民收入均衡化、城乡要素配置合理化以及城乡产业发展融合化，最终从本质上解决城乡发展不平衡问题。

中国农民丰收节，于2018年设立，节日时间为每年“秋分”，这是属于中国农民自己的节日，是对农民主体地位的高度认可，是中共中央情系“三农”、关爱“三农”的生动体现，也是对实施乡村振兴战略的再动员和新鼓舞，敲响了新时代“三农”工作的战鼓。从农村改革发源地安徽小岗村到“两山”理论肇始地浙江余村，从厚植黄土文化的陕西梁家河村到独具岭南农业特色的广东大黄村——神采各异的特色村寨逐渐兴起，大江南北处处展现着丰收的胜景，神州大地到处被农业发展的喜悦所环绕。在中国走向现代化的进程中，城市要发展，工业要转型升级，但农业也不能缺席。中国农民丰收节的设立，对于深入推进乡村振兴，不仅是一种精神上的鼓舞，更是一种实效上的鞭策与推动。支农、惠农、强农将会得到不仅是来自国家政策的支持，更会得到来自全社会力量的支持，如此将会更好地推动人、地、钱等要素在城乡之间加速流动，中国城乡统筹协调发展的未来可期。

中国农民丰收节

链接　家庭承包经营

家庭承包经营是中国农村土地的一种使用制度，始于20世纪70年代末。中国改革是从农村开始的，农村改革是从实行家庭承包经营开始的。根据农业生产的特点和生产力发展的水平以及农民的愿望，集体组织将集体所有或国家所有归其使用的土地等生产资料发包给本组织的社员、农户、专业队（组），承包经营者对所承包的生产资料享有占有权、使用权、收益权以及国家政策和本组织章程所允许的处分权，独立行使经营自主权，并按双方协议规定上缴承包金和国家税金，完成农产品定购任务以及其他义务，集体组织根据生产需要和实际可能，提供各种服务，并进行必要的协调和管理。

改革开放以来，中国农村发生了历史性变化，取得了举世瞩目的成就：中国农业和农村总产值不断上升，主要农副产品产量不断增长。1978—2007年间，农、林、牧、渔业总产值年均增长10%以上，2007年达到48892.96亿元，是1978年的35倍。农民家庭人均总收入和纯收入均呈逐年增长的态势。2007年，农民人均总收入和农民人均纯收入分别为5791.12元和4140.36元，分别是1978年的38倍和31倍。农业结构、农村产业结构不断得到调整和优化，由此也带来了整个社会产业结构的调整和优化，以及农民收入的迅速增长和生活水平的不断提高。取得这些变化和成就的原因是多方面的，而农村普遍实行以家庭承包经营为基础的统分结合的双层经营体制是最重要的原因之一。

（三）工业反哺农业

工业反哺农业是中国特色的政策性概念，也是对工农关系和城乡关系的一种全新阐释和概括，是促进整个国家经济社会发展的必然要求。反哺是一个仿生学概念，这里借用此概念来表示长期以来是农业支持工业，使工业得以迅速发展，如今，是时候让工业来支持和推动农业发展了。

工业革命前，农业是世界各国占主导地位的产业。随着工业革命的发生，各资本主义国家先后进入了工业社会。但中国自 1840 年鸦片战争到 1949 年新中国成立前，几乎没有现代化工业，依旧是落后的农业社会。因此，刚刚成立的中华人民共和国首先要面对的就是发展工业，进行社会主义现代化建设。新中国成立以来，尤其是改革开放 40 多年的迅速发展，中国已经由原来的农业国发展成为工业国，拥有了世界上完善的工业生产基础设施，在环渤海、长三角和珠三角地区形成了世界级的制造中心，贴有“中国制造”标签的商品被销往世界各地。但从世

江西吉安，全自动智能农业工厂育秧忙。

界各国现代化的经验中可以发现，工业反哺农业、城市带动乡村是工业化中后期经济发展的一般规律。因此，中共十六届四中全会明确指出：“农业是安天下、稳民心的战略产业，必须始终抓紧抓好。纵观一些工业化国家发展的历程，在工业化初始阶段，农业支持工业、为工业提供积累是带有普遍性的趋向；但在工业化达到相当程度以后，工业反哺农业、城市支持农村，实现工业与农业、城市与农村协调发展，也是带有普遍性的趋向。”这就鲜明地提出和确立了中国现阶段“工业反哺农业”的重要性及紧迫性。

工业反哺农业，要促进新型工业化、信息化、城镇化、农业现代化的同步发展，走中国特色现代化农业道路。2013 年 9 月 30 日，习近平总书记强调指出：“我国现代化同西方发达国家有很大不同。西方发达国家是一个‘串联式’的发展过程，工业化、城镇化、农业现代化、信息化顺序发展，发展到目前水平用了二百多年时间。我们要后来居上，把‘失去的二百年’找回来，决定了我国发展必然是一个‘并联式’的过程，工业化、信息化、城镇化、农业现代化是叠加发展的。”当前，中国经济实力和综合国力显著增强，已经具备支撑城乡发展一体化的物质技术条件，到了工业反哺农业、城市支持农村的阶段。加快推进现代农业建设，既要推进农业结构调整，加快建设现代农业产业体系、现代农业生产体系、现代农业经营体系，又要促进新型工业化、信息化、城镇化、农业现代化同步发展，以顺应当前世界产业结构发展的新变化，实现工农业发展的双向互动。

当今时代是信息化的时代，工业反哺农业要充分利用与发挥现代科技信息的优势。2013 年 11 月，习近平总书记在山东考察时强调，要给农业插上科技的翅膀，按照增产增效并重、良种良法配套、农机农艺结

山东青岛，东方红 LW3204 拖拉机亮相 2020 中国国际农业机械展览会。

合、生产生态协调的原则，促进农业技术集成化、劳动过程机械化、生产经营信息化、安全环保法治化，加快构建适应高产、优质、高效、生态、安全农业发展要求的技术体系。此外，走好中国特色现代化农业发展道路，必须要有良好的农业基础设施和技术装备建设。科技的进步将会帮助农业减少对化肥和农药的使用，使水资源得到更加充分和高效的使用，中国已进入绿色、可持续的生态科技现代农业时代。

三、物质文明与精神文明协调发展

协调是一个从不平衡到平衡的动态过程。纵观世界经济的发展，特别是追赶型国家的经济发展，都是由不平衡到平衡，再到新的平衡的。协调是持续健康发展的内在要求，实现协调发展，是一个国家经济治理能力的重要体现。“十三五”时期，在把握中国特色社会主义事业总体布局的基础上，要正确处理发展中的各种重大关系，其中物质文明与精神文明协调发展的关系尤为重要。如此才能确保如期全面建成小康社会，并为实现第二个百年奋斗目标奠定更加坚实的基础。

习近平总书记指出，只有物质文明建设和精神文明建设都搞好，国家物质力量和精神力量都增强，全国各族人民物质生活和精神生活都改善，中国特色社会主义事业才能顺利向前推进。在较低发展水平的时代，确实要优先解决贫困问题、温饱问题等物质上的问题，但随着经济的发展尤其是经历了40多年的经济快速增长，人民的物质生活需求得到了极大满足，精神生活的需求开始成为人民群众的重要发展诉求。对此，习近平总书记曾指出:“要认清物质文明建设和精神文明建设的最终目的是什么，GDP、财政收入、居民收入等等是一些重要指标，但都不是最终目的，其最终目的就是要促进人的全面发展，包括改善人们的物质生活、丰富人们的精神生活、提高人们的生活质量、提高人们的思想道德素质和科学文化素质等等。”我们要实现的社会主义现代化，是建立在“坚持以人民为中心”这一思想之上的，发展为了人民，最终目的也是促进人的自由和全面发展。

物质文明和精神文明协调发展，是中国共产党探索中国特色社会主义道路的重要经验。物质文明和精神文明协调发展，也是中国特色社会主义道路的应有之义。中华优秀传统文化浩若烟海、博大精深，既是中华民族生存发展的精神支撑，也是中国特色社会主义植根的文化沃土。中华优秀传统文化精髓集中体现为讲仁爱、重民本、守诚信、崇正义、尚和合、求大同等核心思想理念，自强不息、扶危济困、见义勇为、孝老爱亲等传统美德，求同存异、文以载道、俭约自守等人文精神。发展社会主义精神文明必须从中华优秀传统文化中汲取有益成分。中国共产党领导中国人民在革命、建设、改革中创造的革命文化和社会主义先进文化，是当前进行文化建设的重要力量来源和精神支撑。中华民族伟大复兴必然伴随着中华文化的繁荣兴盛，任何时候都不能以牺牲精神文明为代价去换取经济的一时发展。

当代中国人应该担负起谱写中华文化新篇章的使命。一个国家昂扬前行，离不开强大的精神支撑；一个民族生生不息，离不开丰润的道德滋养。中共十八大以来，《关于推进诚信建设制度化的意见》《关于推进志愿服务制度化的意见》《关于深化群众性精神文明创建活动的指导意见》等一系列文件的出台，使得精神文明建设的顶层设计日趋完善。

弘扬法治，建设法治国家，提升全面法治素养。围绕中国特色社会主义法律体系，机关、机关、学校、企业、单位、乡村等各地区各领域的普法工作陆续开展，全民法律素养显著提升。

立足中华优秀传统文化，挖掘时代价值，充分利用春节、元宵节、

北京，“我的祖国我的家”——海淀区优秀传统文化暨北京医科大学附属小学优秀传统文化课程成果展。

清明节等重要传统节日开展丰富多彩、积极健康的民俗文化活动，中华优秀传统文化的“养分”不断启迪人们的思想、温润百姓的心灵。

文明网络建设，打造清朗的网络空间。监管部门直击网上“病灶”，文明办网、文明上网、文明用网的网络新生态逐渐形成。

精神文明建设带来的变化和成效，与人民群众追求美好生活的意愿“同频共振”，坚定了文化自信，凝聚了中华儿女万众一心的磅礴动力，向着“两个一百年”奋斗目标、向着中华民族伟大复兴的中国梦奋进！

第四章

绿色家园：
还原中国发展底色

建设生态文明是中华民族永续发展的千年大计，坚持人与自然和谐共生是新时代坚持和发展中国特色社会主义的基本方略之一。

中共十八届五中全会将绿色发展作为五大发展理念之一，使之成为关系中国发展全局的一个重要理念，创造性地继承和发展了中国传统文化中的生态理念与智慧，体现了以人为本的可持续发展思想，为中国未来发展指明了方向。

新中国成立以来，特别是中共十八大以来，中国生态文明建设由弱到强，从局部到整体，逐步融入了国家政治经济社会生活的主战场、大舞台，取得了令人瞩目的成就，成效之大前所未有。大气、水、土壤污染防治工作成效显著，使辽阔的中国天更蓝、地更绿、水更清、环境更加优美。

一、让天更蓝

航班大面积延误，高速公路封闭，工厂限产停产，口罩和空气净化器成为热销品，中小学停课，晨练的人们不得不待在家中……

2013 年，北京曾在一周内发布四次雾霾黄色预警，13 省市雾霾天创同期极值，京津冀 27 条高速公路封闭。当年，全国平均雾霾日数为 1961 年以来最多。每到冬天，雾霾困扰着整个中国北方地区，将近 1/6 的国土被严重侵袭，而且主要集中在中东部较发达地区。

空气污染问题是关系民生的大问题，人民群众对于蓝天的渴望，应该成为环境污染防治的首要目标。

为了让天更蓝，2014 年 1 月 4 日，中国首次把雾霾天气纳入 2013 年自然灾情进行通报。

2014 年 2 月，习近平总书记在北京考察时指出，要加大大气污染治理力度，应对雾霾污染、改善空气质量的首要任务是控制 $PM_{2.5}$，要从压减燃煤、严格控车、调整产业、强化管理、联防联控、依法治理等方面采取重大举措，聚焦重点领域，严格指标考核，加强环境执法监管，认真进行责任追究。

此后，北京、天津、河北、山东等 9 个省区市在其大气行动计划中首次提出设置煤炭消费总量的措施。大气治理写入政府工作报告，承诺“让天更蓝”。

北京 $PM_{2.5}$、PM_{10} 监测点

（一）暖民心治雾霾的民生工程

治理空气污染，实现空气质量持续改善，必须多措施并举。其中，散煤治理尤为关键。

据统计，2014年，中国煤炭产量达38.7亿吨，约占全球产量的一半，但集中利用率却不足50%，远低于欧美日等发达国家的90%以上。根据测算，1吨散煤燃烧排放的污染物总量是1吨工业燃煤（采取环保措施）排放量的数倍之多。

据不完全统计，京津冀地区目前每年燃煤散烧量超过3600万吨，占京津冀煤炭用量的1/10，却占大气污染物排放量的一半。燃煤散烧排放是造成冬季重污染天气的重要原因之一，部分北方城市在有些时段，散煤甚至超过机动车、工业等排放源成为首要污染源。

例如，在北京地区，散煤能源使用量仅占总能源用量的约18%，却制造了50%的黑炭粒子排放与69%的有机碳粒子排放。如果全部控制北京市的散煤污染排放，能使北京市冬季$PM_{2.5}$浓度下降20%以上。

而如果同时控制京津冀地区的散煤污染排放，冬季北京的$PM_{2.5}$可以降低40%，京津冀地区则平均下降36%。

受经济发展水平、居民分布密集程度等因素影响，中国北方部分城市周边、城乡接合部、农村等地区尚不能实现集中供暖，依然大量采用分散燃煤小锅炉等方式取暖，供暖效果差，且大气污染物排放总量巨大。在河北省邯郸市邯山区一户村民家，一台一人多高的锅炉为这栋三层小楼供暖，浓浓的黑烟从烟囱排向空中。整个冬天，这台锅炉要烧掉近8吨煤。

散煤燃烧已成为影响北方地区冬季大气环境质量的重要因素，也是当前我国大气污染治理中的一个薄弱领域。来自环保部的数据显示，

北京五环外最大的燃煤炉更换为燃气炉

1 吨散煤直接燃烧的大气污染物排放量是等量电煤的 10 倍以上。

北方地区由于冬季取暖影响，重污染天气频发，必须下大气力解决散烧煤供暖问题。但由于散煤问题涉及老百姓冬季取暖的民生问题，推进冬季清洁取暖，一头牵着百姓温暖过冬，一头连着蓝天白云，关系到广大人民群众的生活，是重大的民生工程、民心工程。

习近平总书记强调，推进北方地区冬季清洁取暖，关系北方地区广大群众温暖过冬，关系雾霾天能不能减少，是能源生产和消费革命、农村生活方式革命的重要内容。

要破解这一难题，必须坚持散煤减量替代与优质煤替代并举，按照因地制宜、分步实施的原则持续推进。减量替代主要是通过以气代煤、以电代煤、集中供热替代，以及使用地源热泵、太阳能等清洁能源替代散煤。

北京市从2003年开始实施煤改电工程，按照“企业为主、政府推动、居民可承受”的方针，宜气则气，宜电则电，尽可能利用清洁能源，加快提高清洁供暖比重。到2015年底，核心区基本实现取暖无煤化。

走进北京郊区崔家楼村村民张铁生的家，小院很干净，两台空气源热泵在院子的角落处。从外观上看，空气源热泵的外挂设备类似于空调。张铁生说，过去烧煤一年也要四五吨，电采暖后一个冬天也就多花一两百元。过去老人出门溜溜还想着要不要添煤，现在不用担心了，“冷了就把开关一开，不用半夜起来拢火，夜里睡觉踏实多了”。

清洁能源的使用既有效地解决了散煤污染问题，同时又推动了农村地区能源结构变革，实现农村与城市同样便利的炊事与取暖。

2017年，北京市完成了328个村共12.6万户居民煤改气工作，管道天然气覆盖包括延庆在内的所有远郊区。居民用上清洁能源供暖，生活也发生了变化。

另外，北京市气源和管网都在逐步优化：随着陕京四线进京，北京实现16区管道天然气通气。2013年至2017年，北京市相继完成了一系列长输管线和储气设施建设，目前向北京输气的上游管网最大供气能力达到1.3亿立方米。

1998至2017年的20年间，北京市商用、民用供电供暖结构优化，有助于减少大气污染的排放。截至2017年底，在北京市能源消耗中，超过90%为电力、天然气和其他清洁能源，城镇地区已告别“烧煤取暖”。北京市政府对每120平方米、年均所需供暖120天的住宅提供约8000元的补助。2013年至2017年，有超过90万户家庭的供暖系统获得升级。

随着煤改气、煤改电工作的深入推进，京津冀及周边地区的28个城市有超过394万户得到改造。仅北京地区，每年所用的天然气，相当于替代燃煤2434万吨,减少二氧化碳排放6200吨,减少烟尘排放2.16万吨。

向雾霾亮剑，让天空更蓝。随着清洁取暖的持续推进，北方地区广大群众在更多个蓝天白云下，度过一个个安心、舒心、暖心的冬季。

（二）有效控制交通污染

随着人们生活水平的提高，城乡居民拥有的私家车越来越多。北京市 2018 年机动车保有量将近 200 万辆。自 1998 年来，北京市的机动车保有量增长了 3 倍，在全国新车增长比例中占 10% 的份额。伴随着北京市机动车辆的增长，越来越多汽车尾气产生的污染物排入大气。

根据最新的 $PM_{2.5}$ 源解析结果，如今机动车等移动源污染比重更加凸显，在本地污染源中占比从原来的 31.1% 上升到 45%，而其中污染最重的，要数重型柴油车。据统计，一辆“国三”排放标准的重型柴油车的污染排放相当于 200 辆“国五”小汽车。

2013 年全国柴油车排放的黑炭约相当于 2.8 亿吨二氧化碳当量。全国秸秆焚烧每年排放的二氧化碳和黑炭约相当于3.7亿吨二氧化碳当量。

为此，北京市制定和实施了一系列针对新车和在用车排放的管理措施，以及油品质量等多个方面的严格地方标准，采取综合性治理措施，不断加强交通管控和经济激励，已逐渐形成“车—油—路”一体化的城市机动车排放综合控制体系。

2004 年、2005 年、2008 年，北京市分别率先实施机动车排放的“国二”“国三”“国四”标准。2013 年，北京继续率先实施与欧洲第五阶段标准相当的“京五”排放标准，进一步缩小了与欧美发达国家机

北京街头新能源公交车

动车排放控制水平的差距。就在过去的 20 年间，北京市实现了新车排放控制的跨越式发展，通过标准引领了中国汽车行业节能环保的技术进步。

同步提升的还有油品质量。1997 年，北京市率先在全国使用无铅汽油，2004 年制定并实施了严于国家标准的车用燃油第二阶段地方标准，此后北京市油品标准持续领先全国一至两个阶段。目前北京市已实施“京六”油品标准，部分指标已严于欧洲标准。

淘汰老旧机动车，是一项持续推进的政策。2008 年奥运会期间，北京在全市范围内禁止黄标车行驶。到了 2015 年 12 月，这项政策已经成为常规措施在全市范围内执行，北京也是中国率先完成淘汰黄标车的城市。

从 2009 年起，北京开始实施对淘汰高排放老旧车辆给予政府补助

繁忙的北京地铁

的经济政策，每年补助资金在10亿元至20亿元之间，已持续10年，这也在世界范围内创造了一项纪录。2013年至2017年期间，北京市累计淘汰老旧机动车约170万辆；2018年，淘汰“国三”柴油货车4.7万辆。

近年来，北京出台了多项措施和文件，限制机动车总量，进一步加大调整优化机动车结构，大力推广新能源汽车，建立更加便捷的交通网络，提高城市公共交通承担率。到2018年底，全市新能源和清洁能源汽车应用规模累计达到23.4万辆，北京市地铁出行人次占总出行人次的近三成，而汽车出行数量得到明显抑制。

据统计，与1998年相比，2017年北京市机动车排放的一氧化碳、氮氧化物、$PM_{2.5}$分别削减了110.5万吨、7.1万吨和0.6万吨，减排率分别达到89%、55%和81%，其中淘汰老旧机动车的减排效益最为显著。

链接 “公共自行车”项目重新走红

中国曾经被认为是“自行车王国”。但在过去的40年里，中国的经济繁荣和城市化使得许多人转而使用机动车作为主要交通工具，这在某种程度上导致了空气质量恶化。

为了改善大气环境和保护公众健康，2008年，杭州成为中国首个启动共享单车的城市。在过去十多年间，当地政府一直在改善自行车骑行的基础设施，比如专门设立自行车道和交通信号灯，并提供了近8.6万辆公共自行车。截至2018年3月，杭州公共自行车“小红车”累计租用达8.56亿人次，超过中国人口的一半。

如今，中国已有400多个城市推行了公共自行车项目。由于这些举措，自行车已成为当地居民和游客的热门出行选择。杭州公共自行车交通服务系统由于其对绿色能源的杰出贡献获得了“阿什登可持续交通项目奖”。

杭州“小红车”

（三）调整产业结构

打赢“蓝天保卫战”，使主要污染物排放总量大幅减少、生态环境质量总体改善，重点是调整产业结构，淘汰落后产能，调整能源结构。尤其在水泥、钢铁、火电、化工等高污染强度行业，关停无法满足相关要求的重污染企业，或让企业因成本过高无法维持而自主放弃，从而实现产业结构与能源结构的清洁化发展。

以京津冀地区为例，在调整产业结构方面，除了环境友好、低资源消耗的以城市为最终服务群体的城市工业以外，自 2006 年以来，北京市内水泥工厂数从 19 家降至 2 家；自 2013 年起，北京市对超过 1900 家污染企业下令关闭或搬迁，对 11000 家违反大气排放相关条例的公司进行处罚。天津市已有的大型重工业将不再继续发展，不再新建类似产业；河北将持续发展综合性的工业体系，“两高”行业产品产量得到控制，2030 年钢铁生产量控制在 12000 万吨以内，水泥年产量控制在 7000 万吨以内，平板玻璃年产量控制在 28000 万重量箱以内。

三省市全面淘汰中小锅炉及落后炉型，剩余大型锅炉全面开展脱硫、脱硝及除尘升级改造。为实现能源结构进一步清洁化，大幅降低煤炭消费比例，控制煤炭消费总量，河北省重点削减发电供热、炼焦及工业高耗能行业（冶金、建材等）的煤炭量。河北、天津的钢铁企业全面升级改造，安装高效除尘器，烧结机全面安装脱硫设备，脱硫效率不低于 85%。

链接 再现“兰州蓝”

兰州市景

兰州，这座老工业基地，有着两山夹一河的地理地貌，加之冬季处于静风状态，兰州的大气污染一度被认为是“难治之症”。

但从 2012 年以来的短短几年时间里，兰州市退出了“全国十大重污染城市”行列，闯出了一条重污染城市的治霾新路子。兰州是如何一步步完成了蜕变的呢?

2011 年底，甘肃省委提出，将治污列为兰州第一民生工程。城区所有燃煤锅炉被“换血式”改造，1286 台燃煤锅炉在两年内全部“退役”，仅此一项就削减二氧化碳排放量 479 万吨。此外，在进城道路上设置 19 个卡点，24 小时

不间断检查，杜绝劣质煤进城。对城区 3 家热电厂和 1 家石化公司采取限负荷、限煤量、限煤质、限浓度、限排放的“五限”措施。

2014 年 8 月，环保部在兰州市召开大气污染防治座谈会，介绍推广“兰州经验”。在 2015 年的巴黎世界气候大会上，兰州获得联合国气候变化框架公约组织秘书处等机构联合颁发的“今日变革进步奖”。产业结构优化助力兰州 GDP 快速增长，环境治理是推动产业结构优化的途径之一，兰州也因此实现了发展和环保“双赢”。

（四）联防联控

大气污染是区域性问题，无法单打独斗，需要周边地区持续跟进。“同在一片蓝天下”，为了加强区域合作，2013 年 9 月，京津冀及周边地区大气污染防治协作小组正式成立。

2014 年北京 APEC 会议期间，北京、天津、河北、山东、山西、内蒙古等七个省区市进行了第一次尝试。环保部门跨区域、跨部门联合会商空气质量，每天定时开展视频联合会商，各省区市的监测人员共享监测数据，一起分析、研判、预报，随时滚动更新。正是在区域联防联控下，虽然在会议期间北京经历了两次不利的气象扩散条件，但仍收获了 11 个空气质量优良天，$PM_{2.5}$ 日均浓度值平均下降 54.5%。

2014 年北京“APEC 蓝”

“APEC 蓝”给了人们很大启发。从此，大气污染治理不再单打独斗，京津冀及周边地区联防联控，协同作战。

2013 年至 2017 年这 5 年间，上述七省区市共享空气质量、污染排放等数据；北京同保定、廊坊，天津同唐山、沧州结对治污；京津冀

2019 年中国北京世界园艺博览会花海

三地环保部门执法联动；区域重污染统一预警分级和应急联动机制……2017 年，原国家环保部还进一步确立了京津冀及周边地区“2+26”个大气污染传输通道城市，通过协同规划、统一标准、应急联动、信息共享等政策措施，整个区域的空气质量得到显著改善，$PM_{2.5}$ 浓度在 2013 年至 2017 年间下降了 39.6% 左右。

2019 年 3 月 9 日，联合国环境规划署发布了《北京二十年大气污染治理历程与展望》评估报告。报告显示，在 2013 年至 2017 年的短短 5 年间，北京空气中的细颗粒物年均浓度下降了约 35.6%，京津冀地区的 $PM_{2.5}$ 浓度下降了 39.6%。联合国环境规划署表示，北京市在大气环境质量改善方面所做的努力为全球其他城市，尤其是为发展中国家的城市提供了值得借鉴的经验。

联合国环境规划署前代理执行主任乔伊斯·姆苏亚（Joyce Msuya）充分肯定了北京改善空气质量的显著成果，她直言："这不是偶然发生的，这是投入了大量的时间、资源和政治意愿的结果。了解北京的大气污染治理故事对于任何一个想要实现类似成就的国家、地区或城市都会有所帮助。可以说，北京的治理经验在很多情境下都能适用。"

联合国环境规划署亚太办公室主任德钦次仁（Dechen Tsering）说："北京空气质量短时间内的改善成果令人印象深刻。"她强调："这是一个很好的例子，说明发展中国家的大城市能够在环境保护和经济增长之间取得平衡。"

（五）依法严格治理与督查

为让群众摆脱"心肺之患"，中央政策和法律层面频频发力。

2013 年 9 月，中国国务院出台了《大气污染防治行动计划》，有人将其称为中国治理大气污染的第一个"五年规划"。以国务院的名义出台治理大气污染的行动计划，在新中国环保史上应该是第一次，足以看出中央解决大气污染问题的决心。

此后，《中华人民共和国大气污染防治法（2018 修正）》《中华人民共和国循环经济促进法（2018 修正）》等先后出台。全国人大听取和审议环境状况和环境保护目标完成情况，多次开展大气污染防治法执法检查。

中央财政也专门设立大气污染防治专项资金，持续加大投入力度。数据显示，2013 年至 2017 年，中央财政分别安排大气污染防治专项资金 50 亿元、98 亿元、106 亿元、112 亿元和 160 亿元，累计下达

527.88 亿元专项资金和 100 多亿元中央预算内投资。

2015 年 10 月，中共十八届五中全会通过的《关于制定国民经济和社会发展第十三个五年规划的建议》确定，深入实施大气污染防治行动计划，扩大污染物总量控制范围，将细颗粒物等环境质量指标列入约束性指标，为“十三五”规划出台相关部署定下基调。

中共十八大以来，环保督察（查）作为一项强有力的、崭新的环保举措持续发力。尽管每个省区市的实际情况有所不同，但大气污染防治都是中央环保督察的重中之重。

经过 5 年多的努力，中央环保督察实现对 31 个省区市的督察全覆盖。一些地区大气和水环境问题突出，大气污染防治重点工作不到位。各督察组共受理转办 10.4 万件群众信访举报，从举报涉及的污染因子看，大气污染占比最多，约占 41%。如今，这些信访举报案件已基本办结。

进入 2017 年，环保督查的力度明显加大，变成了“强化督查”。当年 2 月，环保部会同有关省区市开展 2017 年第一季度空气质量专项督查；当年 4 月起，环保部从全国抽调 5600 名环境执法人员，持续一年对京津冀及周边地区大气污染防治开展强化督查；当年 9 月，按照攻坚行动 6 个配套方案中的巡查方案，环保部又组织开展 8 轮次的巡查，对整改问题“回头看”。在一系列政策重拳出击下，这场“蓝天保卫战”初战告捷。

——2017 年，全国地级及以上城市可吸入颗粒物（PM_{10}）平均浓度比 2013 年下降 22.7%；首批实施新环境空气质量标准的 74 个城市优良天数比例上升 12 个百分点，达到 73%；重污染天数比例下降 5.7 个百分点，达到 3%。

2019 中国北京世界园艺博览会园区鸟瞰图

——京津冀、长三角、珠三角等重点区域细颗粒物（$PM_{2.5}$）平均浓度比2013年分别下降39.6%、34.3%、27.7%，分别达到每立方米64、44和35微克。

——北京市$PM_{2.5}$平均浓度从2013年的每立方米89.5微克降至58微克，有9个月的月均浓度为近5年同期最低水平。

“拉开窗帘看不见海，却能看见比海更蓝的天！”山东省淄博市一位市民说：“有一年冬天，我买了100个防霾口罩送身边亲朋好友；一个月后，仍然有人给我打电话要口罩。而2017年，我竟然一次都没有戴过口罩。朋友圈里也从晒雾霾，变成了晒蓝天、晒星空。”

这是一份来之不易又令人欣喜的成绩单：

2017年，全国“2+26”个城市的$PM_{2.5}$平均浓度同比下降11.7%，重污染天数下降28.8%。

2018年一场新雨过后，初夏的北京格外清新、绿意融融。许多市民感叹：“过去下雨得躲着，不然身上都是泥点。现在这雨干净了许多。”

环境就是民生，白云就是美丽，蓝天就是幸福。如今，蓝天白云不再是奢侈品。北京的变化正是中国大规模开展“蓝天保卫战”的成果。

同2013年相比，2018年全国338个地级及以上城市可吸入颗粒物（PM_{10}）平均浓度下降22.7%，曾经深入“霾伏”的京津冀地区$PM_{2.5}$平均浓度更是下降了39.6%。而北京，$PM_{2.5}$平均浓度从每立方米89.5微克降至58微克。

有了相关部门的重拳出击，治理空气污染的防治计划持续有效。相信通过对空气污染系统的生态治理，雾霾不再到访，蓝天不再短暂，我们的城市一定能够实现蓝天城市的华丽转身，而雾霾将永远成为一个传说。

二、让山更绿

新中国成立初期，由于特殊的历史原因，中国森林覆盖率下降到10% 以下，导致水旱、风沙危害频发。严重的生态忧患最终转化为全社会的共识与行动——植树造林，为国土增绿。

新中国成立以来，中国先后实施了三北防护林体系建设、退耕还林还草等重点工程，广泛开展全民义务植树，扎实推进部门绿化和社会造林。

特别是中共十八大以来，“绿水青山就是金山银山”的绿色发展理念成为全民共识。全国退耕还林工程累计造林 4.47 亿亩，人工林面积由改革开放初期的 3.3 亿亩扩大到现在的 11.8 亿亩，位居世界首位。中国森林覆盖率提高到 21.66%，森林蓄积量从 90.28 亿立方米增加到 151.37 亿立方米，成为近 20 年来森林资源增长最多的国家。

（一）保护天然林成效显著

天然林又称自然林，包括自然形成与人工促进天然更新或萌生所形成的森林。天然林不仅是国家重要的生态和经济资源，更是人类赖以生存的主要物质资源。

新中国成立初期，为支援国家经济建设，木材生产成为见效最快的支柱型产业。国内生产的木材绝大部分来自于天然林。天然林资源大幅减少，森林质量不断下降，不但造成了国有林区资源危机和经济危困，还最终导致了森林生态功能的逆循环——生物多样性锐减，自然栖息地消失逾半，水源涵养功能破坏严重，水资源危机日益逼近。

1973 年至 1981 年，黄河下游断流 7 次，断流时间最长 20 天。1997 年共断流 226 天，严重影响了下游地区近百座城市人民的生产和生活。1998 年夏天，因连续强降雨，长江、松花江、嫩江流域爆发了全流域的特大洪灾，造成直接经济损失 1666 亿元，间接损失更是难计其数。

1998 年 8 月，党中央、国务院做出决定，停止对长江上游、黄河上中游地区天然林的采伐，有计划地对东北地区的天然林实行禁伐和限伐，同时采取飞播造林、封山育林和退耕还林等手段，尽快恢复林草植被。

四川攀枝花市城市风光，该市是中国天然林资源保护工程的发源地。

1999年12月，国务院宣布从2000年至2010年实施天然林资源保护工程，实施范围涉及长江上游、黄河上中游、东北、内蒙古以及新疆、海南等重点国有林区的17个省区市的734个县和167个森工局。这标志着中国从以木材生产为主向以生态保护为主的转变，开启了中国保护天然林的万里征程，尤其是大江大河源头、生态脆弱地区的天然林得到了严格保护。

中共十八大以来，全面贯彻落实习近平总书记“争取把所有天然林都保护起来”的重要指示精神，天然林保护工作进入了全面保护发展的新时代。

2014年4月1日起，在长江上游、黄河上中游地区继续执行停伐的基础上，龙江森工集团和大兴安岭林业集团全面停止了木材商业性采伐。

黑龙江大兴安岭天然林

2015 年 4 月 1 日起，内蒙古、吉林、长白山森工集团全面停止了木材商业性采伐。与此同时，河北省也纳入了停伐范围试点。

2016 年，经国务院批准，“十三五”期间全面取消了天然林商业性采伐指标，全国天然商品林采伐全面停止。目前，中国涉及 26 个省区市和新疆生产建设兵团的国有天然林及江西、福建等 16 个省区的集体和个人所有天然商品林全部纳入保护范围，这也标志着将所有的天然林都保护起来的目标已基本实现。新增天然商品林保护面积近 2 亿亩。

20 多年的天然林保护工作使森林植被逐步恢复，生物多样性得到保护和恢复，为野生动植物的生存提供了良好的环境，有效维护了物种安全。随着林区民生的极大改善，尤其是对贫困群众的托底保障，林区百姓不仅更加重视天然林保护，动植物保护意识也大大增强。

2015 年 9 月的一天，一只成年大熊猫蹒跚地走入四川宝兴县中岗村农户唐国华的蜂箱群中，慢条斯理地品尝着蜂蜜，然后又在唐家的屋檐下睡了一觉，次日清晨才大摇大摆地离开。这个过程中，唐家人一直没有惊动这位“不速之客”。

20 多年的天然林保护工作有效保障了大江大河的安澜和国土生态的安全，山体滑坡、水土流失、泥石流等地质灾害大量减少。多处重点生态脆弱地区的生态环境已明显好转。与 2009 年相比，黄河上中游工程区荒漠化土地面积减少 480 万亩，沙化土地面积减少 210 万亩。

卫星遥感监测数据显示：2016 年青海湖面积已达到 4451.45 平方公里，为 2001 年以来最大值。三江源地区 10 年来水资源量增加近 80 亿立方米，水源涵养量增幅达 6.25%，相当于增加了 560 个西湖。

2014 年 5 月 9 日，四川凉山彝族自治州昭觉县宜牧地乡洼地宜牧地村境内首次发现野生大熊猫。

鱼鸟共生的青海湖

链接　“种树书记”杨善洲

“山不绿，地瘦薄，这是山里的穷根子。”1986年3月，杨善洲从保山地委书记职位上退休。当时，云南省委领导找他谈话说：“你辛苦了一辈子了，退下来后到昆明来吧。”他却说：“我要回到家乡施甸种树，为百姓造一片绿洲。”为了践行这一句朴实的诺言，退休后的杨善洲回到家乡的大亮山植树造林22载，绿了荒山，白了头发，造福百姓，奉献到生命最后一天。

22载辛勤耕耘，大亮山重新披上了绿装：5.6万亩人工造、1.6万亩杂木林、7000多亩茶叶……

2009年4月，杨善洲把价值3亿元的大亮山林场经营管理权无偿移交给国家。他说：“这笔财富从一开始就是国家和群众的，我只是代表他们在植树造林。实在干不动了，我只能物归原主。”

2010年10月10日，83岁的杨善洲告别人世，留下一片绿洲。为纪念老书记，大亮山林场此后更名为“善洲林场”。

如今，曾经山秃水枯的大亮山林木葱郁，溪流不断；施甸的森林覆盖率从1988年的17.1%升至50.78%。

（二）全民义务植树再创佳绩

植树造林是新造或更新森林的生产活动，它是培育森林的一个基本环节。

植树造林，绿化祖国，也是中国的一项基本国策。新中国成立后，第一代中央领导集体对森林问题极为重视。1955 年，毛泽东向全国人民发出了“绿化祖国”“实行大地园林化”的号召。

胡杨林秋景

中国早在 20 世纪 70 年代就开始“植树造林，绿化祖国”，动员和组织了大量的干部、解放军战士、大中学生义务劳动，参与植树造林。这为培育国民的环保意识打下了良好的基础。

1979 年 2 月，全国人大常委会根据国务院的提议，正式通过了“将每年的 3 月 12 日定为植树节”的决议。每到春季，党和国家领导人都参加义务植树，从未间断。植树造林、美化环境、改良生态已成为人们的共识，植树造林活动在全社会蔚然成风。

在中国，30 年来参加义务植树的就有 115.2 亿人次，植树 538.5 亿株，成为世界上参与人数最多、成效最好的植树运动。在 2000 年至2017年间，全球绿化面积增加了5%，其中中国占全球绿化增量约1/4，居世界之首。在中国的贡献值中，42%来自植树造林，中国森林面积、树木蓄积量分别增长一倍左右，人工林面积居全球第一，中国对全球植被增量的贡献比例稳居世界首位。

全民义务植树运动有力地改善了中国生态环境状况。“三北（西北、华北、东北）防护林工程”基本形成后，北京的风沙天气大为减少。这是全国人民几十年如一日，付出艰苦努力的结果，也是中国为人类命运共同体做出的贡献，这是造福全人类的事情。

链接 “绿色万里长城”——“三北防护林工程”

1999年，中国决心全面治理荒漠化，实施以退耕还林还草和天然林保护为核心的生态治理工程。“三北（西北、华北、东北）防护林工程”，从1979年到2050年，历时71年，分3个阶段、7期工程进行，规划造林5.35亿亩。现在已经进入第5期的三北工程，累计完成造林保存面积3014.3万公顷，工程区森林覆盖率由1977年的5.05%提高到现在的13.57%。到2050年，三北地区的森林覆盖率将提高到15.95%。现在，中国西北、华北和东北“三北防护林工程”区年均沙尘暴日数从6.8天下降为2.4天，重点治理的黄土高原年入黄河泥沙减少4亿吨左右，工程区年均增产粮食1057.5万吨。因此，中国“三北防护林工程”被誉为“世界生态工程之最”和“绿色万里长城”。同时，中国的植树造林成就被联合国和NASA誉为农业集约化管理的成就。

（三）中国式荒漠治理：治沙与治穷共赢

荒漠化是当前人类面临的主要环境问题之一。中国作为世界上荒漠化面积最大的国家之一，有荒漠化土地 262.2 万平方公里，涉及 18 个省区市。荒漠化的原因是多方面的，包括过度放牧、过度农垦、过度樵采、水资源利用不当、环境保护不力等。

中国对荒漠化的研究和治理设想始于 20 世纪 50 年代初。70 多年来，中国为治理荒漠化，先后实施了诸多生态环保工程来保护环境和扩大森林面积，走出了一条生态与经济并重、治沙与治穷共赢的道路。

链接

防风固沙

防风固沙是一种生态建设活动，为了保持水土，防止沙尘暴等恶劣天气对人们生活造成的影响，大多在干旱、半干旱地区进行防风固沙。防风固沙离不开治沙工程，包括物理工程、化学工程和植物工程，旨在防止沙漠化，以及保护农田、牧场、交通路线和居民点不受沙流侵害。

宁夏在流动沙丘治理和沙地生态修复中摸索出了草方格固沙技术、“五带一体”综合治理技术等技术模式，沙漠化面积实现大规模缩减，由 1949 年的 165 万公顷减少到 2014 年的 112 万公顷，在国内率先实现了由“沙进人退”到“绿进沙退”的历史性转变。中国防沙治沙的成果也为世界荒漠化防治提供了中国经验，为全球实现土地退化零增长目标做出了杰出贡献。

1. 塞罕坝林场：沙漠变绿洲的传奇

“塞罕坝”是蒙汉合璧语，意为“美丽的高岭”。历史上，这里曾是一处水草丰沛、森林茂密、禽兽繁集的天然名苑，辽、金时期称“千里松林”。清朝康熙帝曾在此设立“木兰围场”。

然而到清末，为弥补国库空虚，“木兰围场”被开围放垦，树木被砍伐殆尽，加之山火不断，到解放初期，原始森林已荡然无存。

这个昔日的“美丽高岭”变成了林木稀疏、人迹罕至的茫茫荒原。

塞罕坝北面紧邻的浑善达克沙地，是沙尘暴的风口之一。沙尘暴威胁着中国的两座重要城市北京和天津以及整个华北地区。所以，防风固沙、建设绿色屏障就成了新中国成立初期特别重视的问题。

此后的50多年里，林场三代人历经艰辛和挫折，凭着一腔热忱和顽强的意志，创造了一个荒漠变绿洲的奇迹。

塞罕坝海拔最高1900米，年均气温在零下1.3度，最冷时曾达到零下43度，且风大少雨。年均6级以上大风达76天，当时有句谚语，“一年一场风，年始到年终”。塞罕坝年均积雪时间达7个月，最早降雪记录是8月，最晚降雪记录是6月。

1962年9月，369名创业者从四面八方集结，一路北上，怀着青春热血，奔赴塞罕坝。刚刚建场的塞罕坝只有少量房屋，一下子涌来这么多人，大家无处栖身，就住仓库、车库、马棚，还住不下，就搭窝棚。

可创业光凭热血是不够的。创业初期，因缺乏在高寒、高海拔地区造林的经验，1962年、1963年连续两年造林成活率不到8%。

创业者们很快发现了造林失败原因：外地苗木在调运中容易失水、伤热，且适应不了塞罕坝的气候。于是他们决定自己育苗，经过考察、摸索、实践，摸索出了培育“大胡子、矮胖子”优质壮苗的技术要领。

1964 年开春，塞罕坝人开展“马蹄坑大会战”，造林 516 亩，存活率达到了 90% 以上，士气大振。

然而，1977 年，林场遭遇了严重的“雨凇”灾害，20 万亩树木一夜之间被压弯、压折，林场十多年的劳动成果损失过半。1980 年，林场又遭遇了百年不遇的大旱，又有 12 万余亩树木被旱死。但塞罕坝人没有被击垮，他们含泪清理遭受“天灾”的受害林木，依靠自己的双手，重新造林，从头再来。到 1982 年，林场超额完成任务，在沙地荒原上造林 96 万亩，保存率 70.7%，创下当时全国同类地区保存率之最。

塞罕坝百万亩森林似海（夏季）

塞罕坝秋景

塞罕坝机械林场（冬季）

造林难，守林更非易事。从第一代林场工人开始，他们的后人大多也继承了这份事业。几十年来，塞罕坝祖祖辈辈的守林人，与山林为伴，守护着塞罕坝这片来之不易的绿。塞罕坝一代代人的努力，演绎了荒原变林海、沙地成绿洲的人间奇迹。他们营造出的 112 万亩人工林，如果按一米的株距排开，可以绕地球赤道 12 圈，是世界上面积最大的人工森林。截至 2016 年 12 月，塞罕坝全场总经营面积 933 平方公里，其中林地面积达到 747 平方公里，森林覆盖率达到 80%。

塞罕坝百万亩林海筑起了一道牢固的绿色屏障，有效阻滞了浑善达克沙地南侵，每年为滦河、辽河下游地区涵养水源、净化水质 1.37 亿立方米，释放氧气 55 万吨，成为守卫京津的重要生态屏障。

2017 年 12 月 5 日，河北塞罕坝林场建设者荣获联合国环保最高奖项“地球卫士奖”，在“地球卫士奖”的全部 6 个奖项中，来自中国的机构与个人获得了3个。这是联合国和世界对中国绿色发展理念、中国生态文明建设和塞罕坝精神的高度肯定。

巴西环保专家马塞洛·富尔塔多（Marcelo Furtado）表示：“中国在全球环保领域扮演关键角色，中国的环保政策与可持续发展理念，为世界环保事业与可持续发展提供了方向与领导力。”

塞内加尔环保专家蒂埃里·德奥利维拉（Dr. Thierry Oliveira）说：“世界对中国环保事业的认识才刚刚开始，未来人们需要聆听更多的中国故事与经验，中国在环保领域提出了极具远见的政策指引。”“塞罕坝精神和实践在国际上具有可借鉴、可复制意义，是对人类生态文明建设的重大贡献。”

2. 库布其：“沙漠上的绿飘带”

库布其，中国第七大沙漠，蒙古语意为“胜利在握的弓弦”，是距离北京最近的沙漠。它位于内蒙古自治区境内，黄河几字弯以南，总面积约1.86万平方公里。

汉代以前，这里水草丰美、牛羊成群，许多游牧民族在这里繁衍生息。东汉后期，由于战乱与过度开垦，朔方郡及所属县城全部沦为废墟，沙漠化的速度与日俱增。20世纪80年代末，库布其植被覆盖率不足3%，最大的沙丘有100多米高，沙尘暴一年发生50多次，一夜之间就可以刮到北京上空。

沙漠向来是难以与“富裕”相联系的。30多年前，生活在库布其沙漠的人们，年均收入不足400元。30多年来，从“禁止开荒”“保护护牧场”，到把“五荒地”划拨到户，鼓励农牧民种树种草；从启动类型多样的生态保护工程，到实施生态移民、禁牧休牧。30多年坚守大漠，坚持不懈地治理，库布其持续恶化的生态环境终于实现了

库布其沙漠

好转，创造了人类历史上第一个沙漠变绿洲的奇迹。

如今，库布其沙漠动植物由100多种增长到500多种，一度绝迹的天鹅、灰鹤、狐狸、山鸡等重新回到了库布其，生物多样性得到极大恢复，构建了一个上万平方公里的集沙、水、林、田、湖、草、生物多样性和富民于一体的库布其生命共同体。从“死亡之海”到生态绿洲，现在的库布其，站在大漠深处的沙山之巅，可以欣赏绿洲与黄沙相伴，飞鸟伴驼铃起舞，静观大漠日出的绚丽，饱览夕阳染沙的壮丽，感受璀璨夜空的神奇。夏季在库布其经常可以看到雨后彩虹，京津地区的沙尘灾害因此减少了90%。经科学评估和权威认定，30

2017 年 7 月 28 日，第六届库布其国际沙漠论坛召开。

年来库布其沙漠治理超过6000平方公里，创造生态财富5000多亿元，10.2 万人从中脱贫受益。

土地荒漠化被称为“地球的癌症”。据联合国防治荒漠化公约组织调研预测，到 2020 年，全球将有超过 5000 万人因居住地荒漠化而被迫迁徙。据数据统计，中国植被的增加量，已经占到过去十几年中地球植被增加总量的 25%。库布其沙漠的治理绿化，为全球增绿贡献了 1‰的面积，治沙固碳 1540 万吨，涵养水源 243.76 亿立方米，释放氧气 1830 万吨。

库布其卓有成效的沙漠治理模式，成为中国贡献给世界的治理“地球癌症”的一剂神奇“药方”。由于荒漠化治理成绩突出，2014 年，库布其沙漠成为联合国环境署确定的“全球沙漠生态经济示范区”。2015 年，库布其沙漠绿化成果获联合国颁发的年度土地生命奖。同年，库布其生态创造模式被巴黎气候大会标举为“中国样板”。

中国对库布其沙漠的成功治理，是践行习近平总书记“绿水青山就是金山银山”绿色发展理念的具体体现，是推进生态文明建设取得巨大成就的一个缩影。

（四）全球生态文明建设的“绿色样板”

生态文明建设不是“单边行动”，需要不同国家和地区之间加强国际合作。

中国的绿色行动不仅关乎中华民族的永续发展，更护佑着全人类唯一的生存家园。2017 年，中国推动建立了“一带一路”防治荒漠化合作机制，共建绿色丝绸之路。从“牢记使命、艰苦创业、绿色发展”的塞罕坝精神，到政府、企业、农牧民、科技四轮驱动的库布其模式，中国智慧“为全球生态文明建设带来希望之光”。积极作为、共享经验，作为全球生态文明建设的重要参与者、贡献者、引领者，中国以自己的成功实践树立了“绿色样板”。

三、让水更清

水，是绿色之源，是生态文明建设发力的关键。水污染治理也是中国生态环境保护工作的一个缩影。

新中国成立以来，国家把水资源保护作为惠及当代、造福子孙的重大战略和民生工程，促使我国水资源保护和治理取得了突破性进展。

新中国成立初期，城市污水处理设施非常落后。据已有资料，1949 年，全国只有 103 个城市有下水道，总长只有 6000 多公里。只有上海和南京两个城市有 4 座污水处理厂，总设计处理能力仅有 4 万 m^3/d，还不及现在一个污水厂的处理能力。

当时北京最著名的污水沟就是龙须沟。历史上，龙须沟北起虎坊桥，经永安桥、天坛、龙潭湖后入南护城河，全长 6.3km。1949 年以前，龙须沟是北京最腐臭不堪的一条水沟，40 万人的生活污水都排入沟中。1950 年 1 月，北京市卫生工程局成立，1 个月后开始负责整治龙须沟。

龙须沟的整治采取地上明沟改为地下暗管的方案，在龙须沟底部修了一个污水管道，收集所有的污水排到下游去。经过整治，龙须沟附近的环境得到显著改善，在上面建了花园，周边建了房子。

然而，随着中国经济社会的不断发展，在相当长的一段时间里，特别是从 20 世纪 90 年代到 21 世纪初，一些江河湖泊污染严重。沿江南水乡溯长江而上，洞庭湿地、江汉平原、三峡库区、巴山蜀水，所经之处，生态系统千疮百孔。

近30%的重要湖库富营养化，长江生物完整性指数到了最差的“无鱼”等级，废水、化学需氧量、氨氮排放量分别占全国43%、37%、43%，干线港口危险化学品超过250种。

让人民群众喝上干净的水、呼吸清洁的空气、吃上放心的食物，在良好的环境中生产生活，这是党和政府的庄严承诺。

特别是中共十八大以来，中国水污染治理工作确立了“全面推进、重点突破”的工作思路，从国家宏观战略层面解决环境问题，从再生产全过程制定环境经济政策，让不堪重负的江河湖海休养生息，努力促进环境与经济的高度融合。

在多重措施下，相比2012年，2017年全国地表水好于三类水质所占比例提高了6.3个百分点，劣五类水体比例下降4.1个百分点——山清水秀、江河安澜的自然风貌正逐步重现。

（一）水污染治理法制建设不断健全

加强环境法治建设是中国环保工作的重要内容和主要目标之一。严峻的水污染现状，让水污染治理法制建设变得重要且迫切。

2015年4月，中国国务院正式发布《水污染防治行动计划》（简称“水十条”），针对黑臭水体治理，提出了明确目标。

2016年6月12日，原国家环境保护部网站发布《水污染防治法（修订草案）》（征求意见稿）及其编制说明，这是《水污染防治法》施行8年来的较大规模修订。此次修订强化地方责任，突出饮用水安全保障，完善排污许可与总量控制、区域流域水污染联合防治等制度，加严水污染防治措施，加大对超标、超总量排放等的处罚力度。

2016 年 9 月，原国家环境保护部联合工业和信息化部印发《水污染防治重点行业清洁生产技术推行方案》，该方案区分造纸、农副食品加工、制革、纺织、有色金属、氮肥、农药、焦化、原料药制造、电镀、染料颜料等 11 个水污染防治重点工业行业制定。工业和信息化部测算得出，11 个行业水污染物排放量约占全部工业行业的 50%，通过在这些行业推广采用先进适用清洁生产技术，实施清洁生产技术改造，预计减少废水排放量 6 亿吨，减少化学需氧量（COD）产生量 250 万吨，减少氨氮产生量 15 万吨，减少含铬污泥（含水量 80%—90%）约 3 万吨。

2017 年 6 月《水污染防治法》修订通过。这些都为治水提供了良好的支撑。国务院“水十条”实施以来，全国地表水Ⅰ—Ⅲ类断面比例从 2015 年的 66% 提升到 2016 年的 67.8%，劣Ⅴ类断面比例从 2015 年的 9.7% 下降到 8.6%。全国地表水水质优良（Ⅰ—Ⅲ类）水体比例为 70.0%。治理不仅涵盖饮用水源地保护、黑臭河流整治等与百姓生活息息相关的领域，也包括保护水质优良的湖泊、提升水资源利用效率等方面。

经过国家和企业的共同努力，中国水污染治理已初见成效。中国仅用 10 到 15 年就建成了约 5000 个城镇污水处理厂，目前的污水处理规模已经和美国基本相当。未来几年，城市建成区黑臭水体总体将得到消除，各类工业污染源持续保持达标排放，环境治理体系更加健全，环境守法成为常态。

（二）水污染处理技术不断提高

中国政府非常注重用水效率，在每个工业领域都有非常严格的水效考核，比如每吨钢的生产用水，每万元国内生产总值的用水等都有相应的标准。而且这些标准是动态的，会随着时代的发展和技术的进步越来越严格。

在工业用水方面，近些年一些耗水大户已经慢慢被淘汰，工业领域的用水效率越来越高。在节水和水处理技术领域，中国与世界先进水平的差距正在逐步缩小，中国已经发展成为世界最大的水工业市场。

在市政用水方面，中国取得的成就是有目共睹的。中国的污水处理企业转型，提高运行效率和质量，同时转变传统观念，通过应用一系列新型技术，把污水处理过程转变为能源生产过程，不仅能够发电，还可以回收氮、磷等资源。

实现这些是与中国在水科技研发领域的投资大幅增加密不可分的。从“十一五”开始，中国政府对水行业科研工作的支持力度明显加强，如今，中国涌现出一大批优秀的研究成果和解决方案，大大促进了中国水科技、水行业市场以及环保产业的发展。

（三）水污染治理机制不断完善

水污染的治理是一个长期工程，需依靠法治，建立起长效、可持续的机制。治理水污染，需要引进必要的技术手段，需要增强相关企业管理人员的环保意识和责任意识，更需要落实环保政策的高效执行力。

1. 开展水环境质量预警机制

2016 年 6 月，原国家环境保护部制定并发布了《水环境质量分析及预警工作方案》。该方案是中国水环境保护与管理由粗放向精准、精细化发展之必然，体现了中国环境管理由单纯的总量目标削减，向基于质量目标的分区、分类、分级的理念，以解决水环境质量问题为目标的精准管理思想转变，有助于宏观上从环境经济政策层面、局地上溯源至企业生产调控具体落实，真正做到以控制单元为对象生产布局、过程监管、末端控制全流程环境调控与管理。

2. 建立和完善水污染治理的投入机制

中国水污染治理最大最难的问题是资金不足。水污染防治需要巨大的投入，仅仅依靠政府的投入是远远不够的，必须建立和完善机制。水污染防治要坚持“污染者治理”或者“污染者付费”的原则。必须建立和完善水污染防治的良性机制，调动全社会的积极性，依靠全社会的力量，加强水污染防治工作。

3. 河长巡河，打造美丽江河

为了维护河湖健康生命、实现河湖功能永续利用提供制度保障，中国近年来全面推行“河长制”，旨在让地方官员在改善水质、防治污染方面负起更多责任，以保护水资源、防治水污染、改善水环境、修复水生态。2016 年 12 月，中共中央办公厅、国务院办公厅印发《关于全面推行河长制的意见》，明确提出在 2018 年底全面建立河长制。中国 31 个省级行政区党委或政府的“一把手”将有一个新头衔——“总河长”，并且从省到县，都将建立河长制度。截至 2018 年 7 月，全国共明确省、市、县、乡四级河长 30 多万名，其中省级河长 402 人，59 名省级党政主要负责同志担任总河长，各地还因地制宜设置村级河长（含巡河员、护河员）76 万多名。在各级河长的积极行动下，河长制工作取得重要的阶段性进展，河湖生态环境有了明显改善。

链接　漓江水体“换新颜”

桂林山水甲天下，漓江是桂林山水的灵魂，全长 214 公里，流经桂林市的 10 个县区。过去沿江生产、生活污水对漓江水质产生了不小的影响。为保护好漓江良好的自然生态环境，近年来，桂林市通过一系列“大手笔”的资金投入和项目工程实施，让漓江焕发出新的魅力。

此前，随着桂林经济建设和旅游业的发展，漓江水域沿岸及周边人口不断增多，生活污水和生产废水直排漓江或就近排放支流等现象越来越突出，对漓江及其支流水质造成一定程度污染，南溪河、小东江等漓江支流污染严重。

面对漓江水污染防治日益严峻的形势，桂林市对漓江等流域生态环境实施了综合治理与生态保护工程，开展了清理住家船、关停拆除鱼餐馆、改造漓江上洲岛等一系列整治行动。按照“远近结合、标本兼治”的思路，对漓江水域进行全流域治理，把水污染问题解决在污染前，从根本上解决影响水环境安全的突出问题。同时深入推行河长制，全市共落实各级河长 3122 名，形成了覆盖市、县区、乡镇、村四级河长制网格化责任监管体系，为推进漓江流域河湖系统保护和水生态环境整体改善打下了坚实基础。

桂林市投入近 10 亿元，推进三期漓江治污工程，污水直排漓江现象得到有效遏制，城市污水集中处理率超过 99%。大力整治漓江沿岸“四乱一脏”（乱建、乱挖、乱养、乱经营，环境卫生脏）现象，漓江洲岛鱼餐馆违法搭建物全部拆除，彻底清理青狮潭水库、桃花江网箱养鱼，全面整治漓江沿岸养殖场，有效遏制漓江面源污染，推进漓江城市段住家船迁移安置，有效保护了漓江水质和景观环境；投资 2.58 亿元，关停、拆除和复绿 21 家采石场，复绿山体面积达 136 万平方米……

长期困扰漓江保护的一个个难题得到有效破解，漓江水质常年保持在Ⅱ类—Ⅲ类之间，生态旅游实现较快发展。

链接 习近平谈漓江生态保护

漓江风光

2010年3月10日，习近平到人民大会堂广西厅，参加十一届全国人大三次会议广西代表团全体会议，在发言中谈到注重生态保护问题时，他回忆起44年前的那次少年游历：

“我十几岁时曾到过漓江，还情不自禁地跳到江里游过泳。”

“我记得，游完泳以后，衣服都是在漓江岸边晒干的。当时，江面是湛蓝色的，泛光见底。江边卖鱼的渔民，鱼篓里都是金鲤鱼。那个感觉，就像置身于神话故事之中。”

漓江，由此给习近平留下了“非常深刻”的印象。

“后来，我听说漓江受到严重污染，甚至水位下降。再后来，听说漓江得到了很好的治理。”

习近平说，虽然自己从那以后再没到过漓江，但一直关心着漓江的消息，深知保持漓江生态良好“兹事体大”。

习近平指出，正如邓小平所强调的，漓江水质绝不能破坏，漓江生态绝不能破坏。漓江属于广西人民，属于全国人民，属于全世界人民，是人类共同拥有的自然遗产，我们都要很好地去呵护它。

链接 “江南明珠”重现光彩

太湖美景

被誉为“江南明珠”的太湖，是中国五大淡水湖之一，湖泊面积 2427.8 平方公里，水域面积为 2338.1 平方公里，湖岸线全长 393.2 公里，横跨江苏、浙江两省，有着绵长的岸线、美丽的风光和富饶的资源。“水上有白帆，水下有红菱，水边芦苇青，水底鱼虾肥”就是用来形容太湖美景的。

然而，由于当地生产生活超强度地索取，太湖这颗明珠曾一度黯然无光。环湖的小化工厂、印染企业的废水大量入湖，这些岸边的污染源，导致水体富营养化，蓝藻疯长。2007 年 5—6 月间，太湖暴发了严重的蓝藻污染，造成无锡全城自来水污染。生活用水和饮用水严重短缺，超市、商店里的桶装水被抢购一空，这一危机引发全国关注。

打捞蓝藻

为了治理太湖，太湖边的居民搬出保护区，拿起打捞网。太湖滨湖区居民蔡连生说："我们小时候就有蓝藻，但没想到那一年，蓝藻疯长让我们都没水吃。所以当政府说要治理蓝藻，让搬迁，尽管舍不得老房子，我们还是搬了，我自己还做起了蓝藻打捞员。"

"最开始，就是组织了几百人，站在大堤上，用农具来舀蓝藻；临时租用了渔船，在湖面上捞。"居民石介平回忆说。但舀上岸的蓝藻，仍然会发臭，而且纯粹依靠人工舀，也不是长久之计。

2008 年，打捞人员开始尝试用水泵吸蓝藻；2013 年，滨湖区在 112.6 公里太湖岸线上，以 31 个打捞点为主，建立了打捞平台，同时配套建设了 7 个藻水分离站，蓝藻日处理能力达 15720 吨 / 天；2017 年，滨湖区组建了 25 支蓝藻专业打捞队，人员达 414 人，各种打捞船 100 艘。据江苏省太湖办统计，2017 年累计打捞蓝藻 237 万吨、水草 7 万吨，蓝藻打捞量是 2016 年同期的 1.5 倍。

关停污染企业

"在治理中，我们也发现单独靠捞蓝藻，治标不治本。所以对太湖岸线的小化工厂等工矿企业都实施关停，岸边拆迁后老百姓也在附近安置。"滨湖区经信局副局长钱安均说。截至 2017 年底，滨湖区已关停化工企业 76 家，并在太湖岸线建立了核心保护区。

数据显示，太湖无锡水域总氮、总磷浓度分别下降了 54.4%、38.9%，好于 2007 年以前的水平；2007 年，15 条主要入湖河流中，9 条水质都是劣Ⅴ类。到 2017 年底，3 条是Ⅳ类，12 条是Ⅲ类。

智能化太湖蓝藻自动打捞工作区

蓝藻变废为宝，被制成蓝藻干粉，出口美国。图为“蓝藻太阳能干化处理生产线”的大棚顶部（远处为太湖）。

加大治污投入

从 2007 到 2017 年的十年间，江苏各级财政投入太湖治理的专项资金，以及带动投入的社会资金，已累计超过一千亿元。从太湖的治理成果来说，这十年来，太湖流域的人口增长了几千万，GDP 增长了三倍，但水质没有恶化，而且呈现了改善的趋势。经过十年治理，太湖无锡水域总氮、总磷分别下降了 54.4%、38.9%，好于 1997 年以前的水平。当地老百姓说，相比 2000 年初，近年来的太湖水质恢复了很多。“这十年，太湖相当于年轻了十岁。现在已经可以用来洗菜、洗衣服了。”

打捞湖面蓝藻，拆迁岸线民居，关停污染企业，加大治污投入……太湖的治理初步实现了经济和环境协调发展。随着治理向深层次发展，治理工作也从太湖沿岸延伸到河浜河道，从城市污水延伸到农村生活污水，从工业点源污染延伸到农村面源污染。

太湖开捕，渔民将捕获的水产品平铺晒干。

（四）水污染治理执法力度不断加强

防治水污染、保护水环境是各级政府义不容辞的责任。

中共十八大以来，国家生态环境部与各省级人民政府签订了水污染防治目标责任书，分流域、分区域确定目标任务；建立了水污染防治综合督导机制，明确责任，加强监督，严格执法；逐月分析全国水环境形势，及时识别工作滞后地区和突出环境问题，打好督办、约谈、限批等环境管理“组合拳”。这些举措有力地推动了重大环境问题的解决。

首先，对于工业点源污染，必须加强管理，达标排放，决不能允许将企业治污的责任和成本转嫁给社会。一是逐步建立企业的排污权许可制度和排污权交易制度。企业排放的污染物总量必须控制在排污许可的范围内，剩余或者不足的排污权可以进行交易，排污权交易收入要用于企业治理污染。二是通过适当的产业政策，鼓励企业清洁生产，将污染控制在生产的全过程，减少污水的排放。三是要采取奖励和惩罚相结合的措施，充分调动企业治污的积极性和责任感。一方面加大对违法超标排污企业的处罚力度，另一方面政府利用收取的排污费、排污权交易费等设立特别基金，用于扶持企业污水处理设施的建设，减轻企业治污的经济压力。四是在企业排污权范围内，对于排到自然水体的污水，一定要达到国家允许排放的标准，不允许对环境造成损害；对于排到公共污水管网的污水，要达到排放标准，通过污水处理厂集中处理，企业承担相应的处理费用。

其次，对于生活污水的防治，采取综合对策：一是对生活用水和排污都建立定额管理、累进加价的水价制度，通过经济杠杆的调整，提高公众的节水意识，加强节约用水，减少排污；二是制定合理的污水排放费征收标准，为污水处理产业化创造条件；三是对污水处理产业，政府给予政策倾斜和财政扶持；四是污水处理企业走市场化、产业化的道路，通过竞争，降低污水处理的成本。

第三，对于农村面源污染，加强宏观调控。把面源污染的控制，与农业灌溉方式的改变，农业产业结构的调整，绿色农业、生态农业、有机农业的建立等方面结合起来，提高科技水平，提高农民的环保意识，通过合理使用化肥、农药以及充分利用农村各种废弃物和养殖业的废水，将面源污染控制到最低程度。

第四，对于江河湖库等水域，加强管理，科学调度，提高水体的水环境承载能力。要科学合理地进行河湖疏浚，减轻内源污染。同时加强水库、闸坝的科学调度，保持水体的适当流动，达到流水不腐的目的，增加水体的自净能力。

2016 年，中央派出 8 个督察组赴内蒙古、黑龙江、江苏、江西、河南、广西、云南、宁夏等地进行环境保护督察，查处各地群众反映突出的环境问题。这也是中国发布《环境保护督察方案（试行）》以来，中央层面进行的最大规模环保督察。在为期一个月的督察中，督察组现场检查了 1500 多个点位，梳理党政领导干部生态损坏环境责任追究问题 100 个。

中央环保督察受理群众举报 3.3 万余个，立案处罚 8500 余件。实施查封扣押、停产限产、按日连续处罚案件分别为 9976、5673 和 1017 件，同比增长 138%、83% 和 42%；移送涉嫌环境污染犯罪案件 6064 件，同比增长 37%。全国清理整顿环保违法违规建设项目 61.8 万个，取缔“十小”企业 2600 多家。

链接　“洱海清，大理兴”

洱海

2015 年 1 月，习近平总书记在云南考察调研时，专程来到大理市湾桥镇古生村，考察洱海湿地生态保护情况。他和当地干部合影后说：“立此存照，过几年再来，希望水更干净清澈。”他叮嘱一定要把洱海保护好，让“苍山不墨千秋画，洱海无弦万古琴”的自然美景永驻人间。

洱海是中国第七大淡水湖泊，是云南的第二大淡水湖，也是大理的“母亲湖”。千百年来，大理与洱海共生共存，滋养孕育了光辉灿烂的大理文化。洱海边的苍山，是中国山地植被保存最完整的山脉之一，共有各类植物近 3000 种，洱海也是云南高原生物多样性最突出的湖泊之一，2014 年，苍山洱海被联合国教科文组织授予世界地质公园的称号。优美的环境，

大理双廊古镇

带来的也是滚滚的旅游财富，“绿水青山就是金山银山”是苍山洱海最好的写照。改革开放后，随着大理地区经济社会快速发展，城镇化进程不断加快，洱海流域内人口不断增长。特别是前些年火爆的旅游开发，大理的餐饮客栈出现“井喷”，加之当地农业生产农药化肥的大量使用，让这片绿水青山承受的环境压力越来越大。洱海污染负荷不断增加，1996年、2003年、2013年，分别出现蓝藻大面积暴发和聚集。

事实上，自1996年起，大理就开始投入人力物力对洱海进行保护，但保护

速度跟不上经济社会发展速度。水质从Ⅰ类降到Ⅱ类，并在Ⅱ类与Ⅲ类之间徘徊，洱海水质稳定向好的趋势尚未形成，蓝藻水华的风险依然存在。

“洱海清，大理兴。”为了确保洱海湖水的质量，为了让子孙后代还能享受到洱海美丽的风光，大理市对洱海环境采取了一系列治理措施。2017年初，大理开启洱海抢救模式，出台洱海保护“七大行动”，内容包括流域“两违”整治、村镇“两污”整治、面源污染减量、节水治水生态修复、截污治污工程提速、流域执法监管、全民保护洱海。

湖滨带生态修复是洱海保护的重要一环，是保护洱海的最后一道生态屏障，湖滨带具备“生态、环境、景观、服务”四大功能。除了能发挥水源涵养、氧气制造、空气洁净、控制土壤侵蚀、生物多样性等生态功能外，还起到提升区域水环境的作用，确保洁水补给洱海。

2017年4月，洱海流域核心区近2500家的餐饮客栈全部暂停营业。2018年5月30日，云南省大理白族自治州公布了《大理市洱海生态环境保护“三线”划定方案》，划定了洱海保护的“蓝线”“绿线”和“红线”。

除了拆除客栈和民宅，2018年12月，大理州开始全面停止洱海海东开发区建设。海东新城原计划是123平方公里，后来降到53.49平方公里，之后又降为43.39平方公里。大理市的发展特别是核心区，必须实行减量，只减不增，对于洱海周边一些房地产开发项目必定是严格限制。

洱海水质污染还有另一个重要原因，就是当地农业种植带来的污染。洱海边种植耕地上使用的农药、化肥，经过雨水的冲刷渗透，最终都会进入洱海，污染湖水的水质。在2018年之前，整个洱海流域大蒜的种植面积超过了10万亩。洱海流域以大蒜为主的“大水大肥”农作物种植面积居高不下，面源污染问题突出。在此背景下，2018年8月，大理州要求在洱海流域禁止销售使用含氮磷化肥和高毒高残留农药、禁止种植以大蒜为主的大水大肥农作物。为了减少老百姓的损失，2018年，政府给生态种植每亩补贴1280元，改种每亩补助1200元。

在一系列有效措施的帮助下，2018年，洱海水质全年稳定保持Ⅲ类、7个月达Ⅱ类，全湖未发生规模化蓝藻水华。

四、让环境更优美

生态财富是最大财富，绿色家园是最美家园。溪流湖泊相连，花草铺地，绿树成荫——对现代宜居的居住环境的需求，构成了百姓对美好生活向往的重要组成部分。中国正以绿色发展的生动实践为世界贡献“中国方案”。

特别是中共十八大以来，中国生态文明建设进入了快车道，蓝天、青山、绿水不断展现在世人面前。中国城乡人居环境持续向好，越来越多的百姓从中受益。

在城市，错落分布的生态公园绿地让老百姓“开窗就能赏景，出门就能游玩”，低碳、绿色的生活方式成为时尚；在农村，“垃圾靠风刮、污水靠蒸发”等困扰群众的问题得到根本扭转。2016 年，农村卫生厕所普及率 80.3%，比 2000 年提高 35.5%，一批批特色小镇、美丽乡村建设起来。

（一）绿色让城市更宜居

经过数十年的不懈努力，中国环境政策思路不断完善，不仅体现在各项数字指标上，更体现在城市居住环境和人们生活质量的切实变化中。

改革开放以来，随着城镇化进程的不断加快，中国城镇化率大幅度提升，使更多的人享受城市生活的便利，拉动消费、增加投资和促进产业结构优化升级，随之而来也暴露出城市基础设施建设的“短板”，规划落后制约发展等诸多问题。国家着力加强城市环境综合治理，优化城市资源配置，转变城市发展方式，城市人居环境持续改善。

1. 北京市：以绿色发展治理“城市病”

水资源紧缺、雾霾袭来、人口超载，北京被环境问题压得喘不过气，环境建设成为市民期盼的“最大公约数”。2014 年以来，京津冀协同发展的推进，为北京打开了发展空间。数据显示，北京环境向好的逆转拐点，在 2017 年初稳定显现。

（1）“量水发展”，地下水位实现由降到升

北京资源性缺水，不得不靠长期超采地下水保障城市用水。京津冀协同发展以来，北京市不断强化“量水发展”理念，实行最严格水资源管理制度，加强区域用水总量控制，全面建设节水型社会。南水北调通水以来，北京市强化外调水、地表水、地下水、再生水统一调度，合理压减集中地下水源取水量，促进了北京地下水的涵养和回升。

2015 年北京地下水位止跌回稳，基本与上一年度持平；到 2016 年 11 月末，地下水位同比回升 0.42 米，地下水储量增加 2.2 亿立方米，密云水库 17 年来首次出现 16 亿立方米库容。

（2）联防联治，空气质量持续改善

“病来如山倒，病去如抽丝。”2013 年，北京大气污染治理第一年，中度以上污染天气高达 105 天，没能完成 $PM_{2.5}$ 下降 5% 的年度目标，市政府接受人大代表问责。京津冀协同发展以来，三地和北京周边七省区联合行动，治理力度不断加大。2016 年，北京终于迎来空气质量改善拐点，中度以上污染天气降至 90 天。

北京翠湖国家城市湿地公园

中共十八大至今，是北京市大气污染防治力度最大、措施最丰富、成效最显著的时期。特别是 2016 年，全市二氧化硫、二氧化氮、PM_{10}、$PM_{2.5}$ 四项污染物浓度分别为每立方米 10、48、92 和 73 微克，分别同比下降 28.6%、4.0%、9.8% 和 9.9%；空气质量达标天数（优和良）198 天，同比增加 12 天，达标率 54%；重污染 39 天，同比减少 7 天。

（3）人随业走，北京城六区常住人口实现由增到减

2000 年至 2012 年，北京人口增加 700 多万，人口过度超载，导致“大城市病”集中暴发。北京协同发展疏解功能是关键。人随业走，大红门市场、动物园批发市场外迁，周边交通拥堵明显缓解；大批工业企业外迁，带动就业疏解；北京电影学院落户怀柔，城市学院迁往顺义，人民大学新校区选址通州，一批高校和著名医院向外疏解，带动人口均衡分布。

截至 2017 年初，北京市常住人口为 2172.9 万人，同比增加 2.4 万人，增量同比减少 16.5 万人，增速同比下降 0.8 个百分点，其中城六

由胡同改造而来的北二环城市公园

区常住人口在2016年出现由增到减的拐点，比2015年减少35.3万人。

（4）改造旧城，建设宜居家园

常乐坊城市森林，地处北京市西城区和丰台区的交界处。在这样一个寸土寸金的地段，它的面积足有9000多平方米。这处城市森林的前身是一个聚集了花卉和旧货的市场。2017年，北京开始城市森林建设。在调研和充分听取民意的基础上，这个市场的绿化改造随即启动。

像这样的城市森林，北京已先后建起了近30处。而位于五环六环的平原地区，郊野公园也在抓紧打造。如今在北京，城市总体规划确定的绿色“三环”——城市公园环、郊野公园环、环首都森林湿地公园环已初具规模。截至2018年底，北京全市森林覆盖率已达到43.5%，城市绿化覆盖率达到48.44%，人均公共绿地面积超过16平方米。

北京南海子郊野公园

这是北京改造旧城、建设新家的结果，也是人民幸福生活的见证。事实上，不只是北京，中国越来越多的城市正致力于打造经济、社会、文化、生态全面协调发展的宜居城市。

2016 年中国城市污水处理率为 93.4%，比 2000 年提高 59.1 个百分点；城市生活垃圾无害化处理率为 96.6%，提高 38.4 个百分点；城市用水普及率 98.4%，提高 34.5 个百分点；城市燃气普及率 95.8%，提高 50.4 个百分点；建成区绿地率为 36.4%，提高 12.7 个百分点；城市人均公园绿地面积 13.7 平方米，增长 2.7 倍；城市集中供热面积 73.9 亿平方米，增长 5.7 倍。

2. 成都：以绿色发展重现历史的美丽

成都，一座在历史上就以繁荣和美丽著称的城市，很多著名诗人在这里留下千古诗句。杜甫的“晓看红湿处，花重锦官城”，陆游的“二十里中香不断，青羊宫到浣花溪”等描写成都的诗句至今仍脍炙人口，

航拍成都，绿色荡漾，春光旖旎。

广为传诵。不过，随着历史的演进，这些胜景很多难以再现。

比如，成都大气污染物排放总量相对较高，加之受到云雾多、湿度大、风速小的盆地气候影响，大气污染防治形势依然十分严峻，尤其是每当岁末年初持续出现不利于大气污染物扩散的气象条件时，很容易出现不同程度的雾霾污染。

近年来，成都以生态城市建设为载体，认真践行绿色发展要求，加大生态本底建设与修复，强化生态要素水、气、土壤环境污染综合治理，积极推进绿色产业发展，取得了显著成就。

改革是绿色发展的源泉。近年来，随着供给侧结构性改革的深入推进，成都聚焦发展绿色经济，抓住传统产业改造、环保产业发展、资源节约利用三大重点，积极培育绿色低碳经济发展的应用场景，加快传统产业绿色改造升级，完成建成区和场镇餐饮店“煤改气”“煤改电”3968家，清理整治14148户“散乱污”企业，推进889台燃煤锅炉淘汰或清洁能源改造。令人欣喜的是，2017年成都的空气质量优良天数比2013年增加了103天，为5年来最好水平。

绿色发展需要制度的引领。成都先后出台《关于推进绿色发展建设美丽中国典范城市的实施意见》《成都市加快推进生态文明建设实施方案》等重要文件，治霾、治水、治堵、增绿，在城市发展治理的方方面面都打上了绿色印记。

2017年6月，“成都治水十条”出台。在美丽宜居公园城市建设的目标下，“绿满蓉城，水润天府”的盛景重现。成都境内有国家、省级自然保护区4个，总面积达1014.11平方公里；有国家、省、市级森林公园24个，真正构建“城在绿中、园在城中、城绿相融”的生态绿地新格局。

成都市通过这些措施，真正让古人描绘的“窗含西岭千秋雪”“二十里中香不断”“花重锦官城”的美景不断呈现回来，让市民感受到环境质量改善带来的美好生活。

3. 徐州：传统老工业基地城市的绿色“华丽转身”

2017年初，江苏省徐州市以总分第一的成绩，位列2016年中国人居环境奖综合奖获奖名单首位。曾经的老工业城市徐州，缘何独占2016年中国人居奖鳌头？

中共十八大以来，徐州树立“绿色发展、生态立市”理念，高度重视人居环境改善，让天更蓝，让地更绿，让水更清，让城更靓，让路更畅。

（1）让天更蓝：发展绿色交通，提倡低碳出行

建设美丽中国，也要有绿色生活方式。共享单车、光盘行动等绿

色环保的生活方式，正成为徐州市的一种潮流。以骑车代替开汽车出行，按照每人每次骑行 3 公里，汽车每百公里 10 升油耗计算，公共自行车运营至今，约节省燃油 2646 万升，减少二氧化碳排放达 5.2 万吨。现日均超过 13 万人次借车，测算每天可减少二氧化碳排量约 90 吨，相当于增加 100 公顷的绿地。

徐州市公共自行车自 2012 年 9 月 29 日正式运行以来，目前总共建设站点 712 个、锁车器 26740 个、投放自行车 22145 辆，老城区、新城区、徐州经济技术开发区、贾汪区等公共自行车达到了全覆盖，基本能够满足市民借还车需求。

（2）让水更清：清淤贯通、生态修复

徐州市围绕“河湖连通惠民生、人水和谐润彭城”的目标定位，通过控源截污、清淤贯通、生态修复、资源利用、长效管理等综合措施，提升水质、编织水网、增加水量、打造水景，加快建设城乡一体、水清流畅、岸绿景美、人与自然和谐相处的美丽徐州。

来自徐州等江苏省五市的近 200 名骑手倡导绿色出行

全球极度濒危的“青头潜鸭”现身江苏徐州丰县黄河故道大沙河国家湿地公园

（3）让地更绿：生态修复采煤塌陷地，加大绿地建设

徐州对市区 6432 公顷的采煤塌陷地实施生态修复后，如今湖水盈盈、杨柳依依，美不胜收。同时，合理布局建设公园绿地，做精做细园林绿化工程，不断提升管理养护水平，让老百姓更加贴近园林绿化景观，更便捷享受生态美景。

（4）让城更靓：实施棚户改造，办好民心工程

徐州是全国重要的交通枢纽及传统老工业基地，先后发展企业近千家，建成一批企业职工住宅，聚集着一些平房和简易楼，由于经营不善或改制转轨，企业无力对房屋进行维修、改造，逐步形成了现在的棚户区。在棚户区改造过程中，徐州市拆除 3200 多万平方米的低矮、破旧房屋，新建 50 多个现代化小区，这是该市历史上规模最大的保障房建设工程，也是惠及群众最多的民生工程，承载着棚户区居民对美好家园的期盼。徐州市 20 万余户棚户区居民搬进了

新居，告别了阴暗、破烂的危旧房，住进了宽敞明亮的商品房。住房建筑面积由原来的人均 10 多平方米、户均 30 多平方米增加到人均 20 多平方米、户均 70 多平方米。

（5）让路更畅：数字化助跑城市管理

徐州市通过数字化助跑城市管理工作，在管理内容、管理手段和技术支撑等方面不断突破，建立了“一级监督、二级指挥、三级管理、四级网络”的数字城管模式，实现了市、区、街道、社区四级的互联互通，确保了城市管理有效、高效和长效运行。

全市每天有 100 个监督巡查人员在街头查找城市管理问题，初步建成覆盖重点区域和最主要路段的视频监控网络，问题发现的数量和及时性大大提高。如占道经营问题，由发现到解决已由过去的 4 小时变为 2 小时。

围绕推进生态修复转型，徐州实现了一座煤城向生态城市、绿色城市、山水城市的华丽转身。目前，一个经济持续增长、生态显著改善、社会和谐稳定、群众“安居、宜居、乐居”的幸福之城已经显现。

（二）农村人居环境更优美

习近平强调，中国要强，农业必须强；中国要美，农村必须美；中国要富，农民必须富。实现城乡一体化，建设美丽乡村，就是要给乡亲们造福。

十八大以来，随着美丽乡村建设的深入推进，一幅幅产业兴旺、环境优美、村容整洁、文明和谐的乡村画卷在祖国大地上徐徐铺开。

1. 整治和改善乡村人居环境

如果要问美丽乡村建设中最大的拦路虎是什么，多数人会认为

国家 5A 级景区徐州市云龙湖

是脏乱差的人居环境。2014 年，国务院办公厅印发《关于改善农村人居环境的指导意见》，提出到 2020 年，全国农村居民住房、饮水和出行等基本生活条件明显改善，人居环境基本实现干净、整洁、便捷，建成一批各具特色的美丽宜居村庄。

经历了从脏乱差到宜居的“蝶变”，河南省永城市新农村办主任李世军对近年来农村人居环境的变化深有感触：“前几年，这里的农房还是破旧不堪，街上垃圾遍地；经过环境整治后，硬化路连通每家每户，路边绿树成荫，庭院干净整洁，老百姓的笑脸也多了起来，真是一派生态、文明的新气象。”

一户农民丢垃圾是小事，亿万农民的垃圾处理则是一件大难事。2015 年 11 月，住房城乡建设部等部门出台的《关于全面推进农村垃圾治理的指导意见》提出了建立村庄保洁制度、推行垃圾源头减量、全面治理生活垃圾等 6 项目标任务。

在浙江省金华市金东区江东镇六角塘村，每家门口都有两个垃圾桶，将“可烂”和“不可烂”垃圾分类存放；村里聘请的保洁员将“可烂”垃圾堆肥培土，“不可烂”垃圾再次分类，或回收或填埋、焚烧处理。

2. 加大乡村基础设施资金扶持

农村人居环境问题的背后，是基础设施的不完善。近年来，各级政府不断加强支农惠农力度，引进社会资本，加强基础设施建设，为美丽乡村建设强基固本。

2018 年 12 月，中央农办、农业农村部等 18 个部门联合印发了《农村人居环境整治村庄清洁行动方案》。各地“一把扫帚扫到底”，调动各方力量积极行动，相当一部分县乡村开展了形式多样的村庄

链接　中国人居环境奖

中国人居环境奖是由原中华人民共和国建设部（现为中华人民共和国住房和城乡建设部）于 2000 年设立的全国人居环境建设领域的最高荣誉奖项。设立该奖项的目的，是为了表彰在城乡建设和管理中坚持可持续发展战略，努力改善城乡环境质量，提高城镇总体功能，创造良好的人居环境方面做出突出贡献的城市、村镇、单位和个人。住建部也将从获得“中国人居环境奖”的项目中选择部分优秀项目，向联合国人居中心推荐申报“联合国人居奖”和“迪拜国际改善居住环境最佳范例奖”。

清洁行动，村容村貌获得较大提升。

2019 年，财政部、国家发展改革委等积极筹措资金，支持农村人居环境整治。不少地方加大了对农村人居环境整治的资金支持力度。广东省 2019 年省级财政预算投入 97 亿元专项用于全域启动村庄清洁行动。内蒙古拿出 20.4 亿元对农村“厕所革命”进行专项补贴。

目前，全国 27 个省区市出台了村庄清洁行动实施方案。各地以影响农村人居环境的突出问题为重点，动员广大农民群众广泛参与，着力解决村庄环境“脏乱差”问题。河南省兰考县印发《清零行动标准》《垃圾分类常识》画报，从县直单位派出党支部与每个行政村党支部对接帮扶。安徽省庐江县白湖镇中心学校印发《致家长朋友的一封信》，倡议广大家长积极融入村庄清洁行动。

2019 年春节期间，村庄清洁行动取得了阶段性成果。重庆参与村庄清洁行动春节战役的村民人数达 627 万人次，清理积存垃圾 13 万吨，4400 多万户参加大扫除。北京市动员村民 5 万余人次，清理村庄房前屋后和村巷道柴草垃圾等 2 万余吨，清理疏浚村内沟渠 3600 条、清淤 4.2 万余立方米。

3. 推动农业绿色发展

近年来，每年中央一号文件都将推动农业绿色发展作为农业农村经济工作的重点来抓。无论是化肥农药使用量零增长行动，还是畜禽粪污资源化利用行动，抑或是农膜回收行动，农业部在推动农业绿色发展的同时，也为美丽乡村留住绿水青山打了一剂“强心针”。

安徽省宿州市埇桥区顺河乡后湖村的养猪大户徐永生就是绿色农业的受益者。“几年前，一到夏季就苍蝇乱飞。”他说道，“如今，应用沼气技术，将粪污全部变成了沼液沼渣，不仅解决了环境污染问题，种养结合、沼液沼渣还田还带来了不小的经济效益。”

近年来，国家农业农村部按照“政府指导、农民主体、多方参与、共建共享”的思路，组织开展中国美丽休闲乡村建设活动，在全国打造一批生态环境优美、产业功能多元、村容景致独特、精神风貌良好的美丽休闲乡村。将休闲农业作为美丽乡村建设的重要支柱产业，为绿水青山和金山银山找到了结合点。

荒地变成花田，残破民房化身景观小屋，泥巴路成了鹅卵石小路……

十八大以来，全国各地积极实施美丽村庄建设活动，拉开了农村人居环境整治由点上示范向面上推开的序幕。各地投入巨额专项资金，加强农村环境整治和风貌塑造，做优了环境，做美了节点，做活了业态。

4. 传承农业文明

在城镇化快速推进的当下，要“记得住乡愁”，不能仅靠乡村美景，更需要农业文明的传承。

为此，农业部先后制定出台《中国重要农业文化遗产认定标准》《中国重要农业文化遗产申报书编写导则》和《重要农业文化遗产管理办法》，规范中国重要农业文化遗产的保护与管理，印发《农业文化遗产保护与发展规划编写导则》，提出保护优先、适度利用，整体保护、协调发展，动态保护、功能拓展，多方参与、惠益共享的规划原则，并于 2013 年、2014 年和 2015 年分别组织了 3 次中国重要农业文化遗产发布活动。

各级政府高度重视农业文明保护工作，不论是二十四节气、民谣农谚、农民艺术等非物质文化遗产，还是祠堂、古村、古镇等物质文化古迹，都得到了妥善的保护和传承。

链接 “文化圣地”的文化传承

步入山东省曲阜市鲁城街道东关社区，如诗美景映入眼帘：路面平整、绿树成荫、移动花丛花香四溢，居民小院粉刷一新、文化墙文化底蕴浓厚、文化广场设施齐全……崭新乡村风貌尽显。

“你看这文化墙，不仅看上去赏心悦目，还能对村民的言行举止起到教育和引导作用，一举多得。”鲁城街道林前社区村民田宝兵指着村里的文化墙感慨地说。

在美丽乡村建设中，鲁城街道把墙壁和街巷作为弘扬传统文化的有效载体，在村街主干道上建起了以孝德文化、廉政文化、历史文化、道德教育以及中国梦为内容的道德文化墙，将《论语》《礼记》等传统经典镌刻在墙上，让居民随时随地感受道德文化的熏陶，让“孝、诚、爱、仁”四德文化引领乡村文明。

“为了建设美丽乡村，东关社区结合自己的特点，在做好文化这两个字上动了不少脑筋。”东关、周公庙等社区设置了移动仿古花丛和壁挂式花篮，在用木条制作的花丛上绘上了马车图案和“礼”“孝”等字。

按照“一村一品、一路一景”的要求，鲁城街道还打造了一批富有特色的道德文化景观：池涯社区的百米论语文化墙，林前社区的道德街巷，东关社区的鲜花胡同……

如今，鲁城街道两旁的建筑设施、主要街道的墙壁宣传栏中随处可见国学经典、家庭美德文化、职业道德文化和社会公德文化的内容。涵盖面广，知识面宽，天天都有村民来这里驻足观看。

“以前走出家门能有个好街好道就挺知足了，现在不光绿化好了、环境好了，还在家门口修起了‘文化长廊’，没事儿领着儿子出来看看，识识字儿，学学咱中国的传统文化，从小受教育，真挺好！”东关社区的孔令金说。

这些古色古香、内容丰富的“文化墙”，不仅成为鲁城街道美丽乡村建设的一道亮丽风景线，也成为鲁城人民道德风尚的引领地。

习近平强调：“生态环境是关系党的使命宗旨的重大政治问题，也是关系民生的重大社会问题。广大人民群众热切期盼加快提高生态环境质量。我们要积极回应人民群众所想、所盼、所急，大力推进生态文明建设，提供更多优质生态产品，不断满足人民群众日益增长的优美生态环境需要。”

2016 年，联合国环境规划署发布的《绿水青山就是金山银山：中国生态文明战略与行动》报告认为，中国的生态文明建设理念和经验，正在为全世界可持续发展提供重要借鉴。

蓝天白云、繁星闪烁、清水绿岸、鱼翔浅底的美丽中国新图景，正越来越清晰地展现在世人面前。

第五章

开放中国：盘活发展脉络

新中国成立以来，中国人民在中国共产党的领导下艰苦奋斗，坚持和平共处五项原则，有力地维护了国家主权完整与经济社会安全。今天，中国正前所未有地走近世界舞台的中心，“美美与共”，更多中国理念、中国方案正在得到世界的广泛认同，其中面对世界经济格局的深刻调整，中国的态度十分鲜明：开放是国家繁荣发展和践行人类命运共同体的必由之路，以“一带一路”为代表的对外开放格局将会不断升级拓展。

一、日益走近世界舞台的中央

1949 年，中华人民共和国成立，中国以独立自主的崭新面貌出现于世。70 多年来，从提出和平共处五项原则到走和平发展道路，从倡导和谐世界到推动构建人类命运共同体，从恢复在联合国的合法席位到为全球治理贡献中国智慧、中国方案，中国不断扩大对外开放的深度与广度，更广泛地融入世界，更深度地参与到国际事务中来。

（一）对外关系局面逐步打开

对外关系方面，新生的中国奉行独立自主，站在以苏联为首的社会主义阵营一边。1949 年 10 月 1 日，毛泽东在《中华人民共和国中央人民政府公告》中宣告："中国同外国的外交关系要建立在平等、互利和互相尊重领土主权的基础上。" 1949 年 10 月 3 日，中华人民共和国同苏联正式建立了外交关系。中苏双方于 1950 年 2 月签订了《中苏友好同盟互助条约》。

与此同时，中国也积极发展同其他社会主义国家的外交关系，先后与 11 个社会主义国家建交。随着中国的外交局面逐步打开，许多亚洲民族主义国家也向中国伸出友谊之手，同中国建立了外交关系。

（二）中国重返联合国

1971 年 10 月 25 日，第 26 届联合国大会第 1976 次会议以 76 票赞成、35 票反对、17 票弃权的压倒多数通过 2758 号决议，决定恢复中华人民共和国在联合国的一切合法权利，承认中华人民共和国政府的代表为中国在联合国组织的唯一合法代表。

翌日，中国外交部代理部长姬鹏飞收到联合国秘书长吴丹发来的正式通知，中华人民共和国在联合国和安理会中的合法席位得到恢复。联大第 2758 号决议的通过绝非偶然，这是世界进步的需要，也是历史的必然。

1979 年 6 月，中国与联合国开发计划署签订了技术合作基本协定，标志着中国与联合国在多边发展领域合作正式开始。到 1986 年，中国已恢复和参加了联合国系统的所有下属经济委员会、发展业务机构和专门机构的活动。联合国开发计划署、联合国儿童基金会等主要机构都与中国建立了合作关系，并在资金、技术和人才等方面对中国进行了支持。在这一阶段，中国利用联合国这一多边合作舞台，推动了对外开放进程。

（三）中美建交与中国改革开放

从 1970 年毛泽东邀请斯诺访华到 1972 年尼克松访华，再到 1979 年中美正式建交，整整历时 8 年多。

1972 年 2 月 21 日，毛泽东在中南海会见了首次访华的美国总统尼克松及随访的国家安全事务助理基辛格，签署并发表《上海公报》，中美关系正常化的大门从此打开。正如后来尼克松在回忆录中说的那样："一个时代结束了，另一个时代开始了。"

1978 年 12 月 16 日，中美两国《中美建交公报》发表，美国承认中华人民共和国中央人民政府是中国唯一合法政府。它的发表，标志着中美隔绝状态的结束和关系正常化进程的开始。1979 年 1 月 1 日《中美建交公报》正式生效，中美正式建交。中美建交是中华人民共和国与西方关系突破的标志性大事。几十年来，在两国几代领导人和各界有识之士的共同努力下，中美关系取得了历史性发展，双方在广泛领域的交流合作卓有成效，两国人民的了解和友谊与日俱增，中美关系的战略意义和全球影响更加突出。

中美关系的改善，为中国实施改革开放创造了较为有利的外部国际环境，尤其是与西方国家迎来了建交高潮。20 世纪 80 年代以来，以邓小平同志为核心的党的第二代中央领导集体以实事求是的科学态度，对当代世界的矛盾和问题作了深刻的分析和研究，确认"和平力量的增长超过战争力量的增长"，提出"现在国际形势看来会有比较长时间的和平环境"，"和平与发展是当代世界的两大主题"，树立了以经济建设为中心的指导思想。1982 年中共十二大确立了"不结盟""独立自主"的和平外交政策。

（四）中国逐渐融入世界

20 世纪 90 年代以后，以江泽民同志为核心的党的第三代中央领导集体高举邓小平理论的伟大旗帜，“从容应对一系列关系我国主权和安全的国际突发事件，战胜在政治、经济领域和自然界出现的困难和风险，经受住一次又一次考验，排除各种干扰，保证了改革开放和现代化建设的航船始终沿着正确的方向破浪前进”。

2000 年 9 月 28 日，中国国家主席江泽民在“联合国千年首脑会议”分组讨论会上表示，“我们需要世界各国‘共赢’的经济全球化”。他认为，所有国家都应是经济全球化的受益者。经济全球化是随同社会生产力发展而产生的一种客观趋势。但在经济全球化过程中，各国的地位和处境是很不相同的。在发达国家尽享全球化“红利”的同时，广大发展中国家却仍饱受落后之苦。发展资金匮乏、债务负担沉重、贸易条件恶化、金融风险增加以及技术水平落后，使发展中国家总体上处于更为不利的地位。

1997 年 7 月 2 日，亚洲金融风暴席卷泰国。不久，这场风暴波及马来西亚、新加坡、日本、韩国、中国等地。泰国、印尼、韩国等国的货币大幅贬值，同时造成亚洲大部分主要股市的大幅下跌，而为了帮助亚洲国家摆脱金融危机，中国履行了人民币不贬值的承诺，并通过国际机构和双边援助来支持东南亚国家的经济，充分展现了负责任的大国风范。

自 2001 年 12 月 11 日开始，中国正式加入 WTO，标志着中国的产业对外开放进入了一个全新的阶段。中国始终是多边贸易体制的坚定支持者和捍卫者。2001 年中国加入世界贸易组织，是中国深度参与经济全球化的里程碑，标志着中国改革开放进入历史新阶段。中国加入世贸组织以来，不断完善社会主义市场经济体制，全面加强同多边贸易规则的对接，切实履行货物和服务开放承诺，强化知识产权保护，对外开放政策的稳定性、透明度、可预见性显著提高，为多边贸易体制有效运转做出了积极贡献。

（五）推动建设“和谐世界”

2005年4月22日，在雅加达召开的亚非首脑会议上，中国国家主席胡锦涛向世界各国发出呼吁：“推动不同文明友好相处、平等对话、发展繁荣，共同构建一个和谐世界。”这是中国首次提出建设“和谐世界”的主张。2005年7月1日，中俄首脑进行会晤，将“和谐世界”的概念写入《中俄关于21世纪国际秩序的联合声明》，第一次确定为两国之间的共识。

2008年奥运会在中国举办，对于奥林匹克运动本身和中国的发展

北京，2008年奥运会主会场国家体育馆（鸟巢）。

都具有重要意义。2008 年北京奥运会的盛况至今仍在眼前萦绕，各方认为那是奥运会史上最为盛大、最为壮观的一次盛会，也是中国由此成为国际大国、开始发挥国际影响力的转折点。

（六）同心打造人类命运共同体

人类的命运是休戚与共的。2013 年 3 月，中国国家主席习近平在俄罗斯莫斯科国际关系学院发表重要演讲，首次提出了人类命运共同体的理念。他指出：“人类生活在同一个地球村里，生活在历史和现实交汇的同一个时空里，越来越成为你中有我、我中有你的命运共同体。”

2014 年 5 月 21 日，亚洲相互协作与信任措施会议第四次峰会第一阶段会议在上海举行，中国国家主席习近平主持会议并作主旨演讲。习近平在讲话中表示：“我们应该积极倡导共同安全、综合安全、合作安全、可持续安全的亚洲安全观，创新安全理念，搭建地区安全合作新架构，努力走出一条共建、共享、共赢的亚洲安全之路。”习近平主席表示，对恐怖主义、分裂主义、极端主义这三股势力，必须采取零容忍的态度，加强国家和地区合作，加大打击力度，使本地区人民都能在安宁祥和的土地上幸福生活。

2015 年 9 月 28 日，习近平主席在纽约联合国总部出席第 70 届联合国大会一般性辩论并发表了题为《携手构建合作共赢新伙伴，同心打造人类命运共同体》的重要讲话。习近平强调：“和平、发展、公平、正义、民主、自由，是全人类的共同价值，也是联合国的崇高目标。当今世界，各国相互依存、休戚与共，我们要继承和弘扬联合国宪章宗旨和原则，构建以合作共赢为核心的新型国际关系，打造人类命运共同体。”习近平的讲话彰显了中国致力于与世界各国人民携手应对共同挑战的决心和行动，为中国今后参与联合国事务指明方向，也为联合国在新时期的发展注入了活力。

2017年10月18日，习近平在中共十九大报告中进一步提出：“我们呼吁，各国人民同心协力，构建人类命运共同体，建设持久和平、普遍安全、共同繁荣、开放包容、清洁美丽的世界。”

持久和平与普遍安全成为当前人类社会发展和文明进步的前提。维和行动是联合国维护国际和平与安全的主要手段之一，是人类社会文明和进步的标志，已经成为国际政治舞台上一个引人注目的亮点。联合国前秘书长潘基文说，维护和平已发展成为联合国的一面旗帜。中国是联合国维和行动的坚定支持者和积极参与者。1990年4月，中国首次参加联合国维和行动，向中东停战监督组派遣5名军事观察员，正式开启中国军队参加联合国维和行动的序幕。1992年，中国正式组建维和部队，赴柬埔寨执行维和任务。2005年，中国首次派出成建制警察分队参加在海地的维和行动。

习近平主席在2017年出席联合国成立70周年系列峰会期间，就支持改进和加强联合国维和行动宣布了一系列承诺：中国将加入新的联合国维和能力待命机制，率先组建常备成建制维和警队，并建设8000人规模的维和待命部队。中国将积极考虑应联合国要求，派更多工程、运输、医疗人员参与维和行动。今后5年，中国将为各国培训2000名维和人员，开展10个扫雷援助项目，包括提供培训和器材；将向非盟提供总额为1亿美元的无偿军事援助。中国—联合国和平与发展基金的一部分将用于支持联合国维和行动。

从中国角度看，构建人类命运共同体需要统筹国内国际两个大局，将中国梦与世界梦有机结合起来，实现中国与世界各国共同发展、共

2019 年 10 月 1 日上午，庆祝中华人民共和国成立 70 周年大会在北京天安门广场隆重举行。这是维和部队方队。

同繁荣。正如习近平主席所说："世界好，中国才能好；中国好，世界才更好。"为了实现中国与世界的共赢，习近平主席指出，构建人类命运共同体，国际社会一要坚持对话协商，建设一个持久和平的世界。二要坚持共建共享，建设一个普遍安全的世界。三要坚持合作共赢，建设一个共同繁荣的世界。四要坚持交流互鉴，建设一个开放包容的世界。五要坚持绿色低碳，建设一个清洁美丽的世界。

走和平发展道路，就要继续扩大对外开放，这是中国的基本国策。近几年来，在阐述开放战略之时，中国特别强调"互利共赢"四个字。这是因为，以加入世界贸易组织为标志，中国对外开放已发展到一个新的阶段，开始在更大范围、更广领域、更高层次上参与国际经济合作和竞争。与此同时，一些国家对中国高速发展会不会损害别人的利益、妨碍别人的发展也深表关切。

对此，习近平提出："我们要广泛深入宣传我国坚持走和平发展道路的战略思想，引导国际社会正确认识和对待我国的发展，中国发展绝不以牺牲别国利益为代价，我们绝不做损人利己、以邻为壑的事情，将坚定不移做和平发展的实践者、共同发展的推动者、多边贸易体制的维护者、全球经济治理的参与者。"

世界经济发展的历史证明，开放带来进步，封闭导致落后。面对当前保护主义抬头、国际贸易和投资低迷的现实，我们应该建设开放型世界经济，继续推动贸易和投资自由化便利化。2016 年二十国集团杭州峰会的主题是"共同构建创新、活力、联动、包容的世界经济"。事实上，杭州峰会是以中国为首的全球性大国对于世界经济的全面会商与综合诊治，标志着以中国为代表的发展中国家在国际秩序中博弈地位和话语权的明显提升。

减少贫困是中国对世界的庄严承诺。2015 年联合国发展峰会通过了 2030 年可持续发展议程，要求各国共同努力消除极端贫困，促进经济、社会、环境协调发展，缩小南北发展差距，实现全人类共同发展。目前，全球仍有 8 亿多贫困人口，消除贫困是人类的共同使命。二十国集团应加大对减贫工作的投入，积极开展国际减贫合作，帮助发展中国家尤其是最不发达国家提升本国发展能力，改善外部发展环境，携手加快全球减贫进程。中国在二十国集团中一直是发展中国家的代表，在致力于消除自身贫困的同时，始终积极开展南南合作，力所能及地支持和帮助广大发展中国家特别是最不发达国家消除贫困。习近平主席在 2015 减贫与发展高层论坛的主旨演讲中指出，60 多年来，中国共向 166 个国家和国际组织提供了近 4000 亿元人民币援助，派遣 60 多万援助人员，其中 700 多名中国好儿女为他国发展献出了宝贵生命。

中国先后 7 次宣布无条件免除重债穷国和最不发达国家对华到期政府无息贷款债务。中国积极向亚洲、非洲、拉丁美洲和加勒比地区、大洋洲的 69 个国家提供医疗援助，先后为 120 多个发展中国家落实千年发展目标提供帮助。

（七）统筹布局中国特色大国外交

当前，新时代的中国外交坚持全方位和平外交，结伴而不结盟，在坚持不结盟原则的前提下，广交朋友，形成遍布全球的伙伴关系网络，在和平共处五项原则基础上全面发展同各国的友好合作。

在大国关系方面，习近平提出，要推进大国协调和合作，构建总体稳定、均衡发展的大国关系框架，扩大同发展中大国的合作。

同时要改善和发展同发达国家关系，拓宽合作领域，妥善处理分歧，推动建设长期稳定的新型大国关系。当下国际形势出现许多新的特点，全球性问题增多，促使大国间的合作意愿进一步增强。中国和平发展首先要壮大自己，同时需要加强同发达国家的战略对话。在“加强战略对话”的基础上，中国将着眼于世界大局，从长远战略观点出发，不过分计较社会制度和意识形态的差别，争取扩大大国之间共同利益的汇合点，进一步推动与发达国家关系的良性互动。

2013年6月，习近平主席同美国总统奥巴马在安纳伯格庄园会晤，双方达成共同努力构建中美新型大国关系的重要共识。构建中美新型大国关系，代表着一种崭新的国际关系理念，是用一种新思维、新眼光来看待和规划中美关系前景。这种新型大国关系的核心内容是“不冲突不对抗，相互尊重，合作共赢”。

与周边国家关系在中国外交战略布局中占据首要位置。习近平在中国共产党第十九次全国代表大会的报告中强调，要按照亲诚惠容理念和与邻为善、以邻为伴的周边外交方针深化同周边国家关系。要打造周边命运共同体，为此，要着力深化互利共赢格局。统筹经济、贸易、科技、金融等方面资源，利用好比较优势，找准深化同周边国家互利合作的战略契合点，积极参与区域经济合作。

在与发展中国家关系方面，习近平强调要秉持正确义利观和真实亲诚理念，加强同发展中国家团结合作，找到利益的共同点和交汇点，有原则、讲情谊、讲道义，多向发展中国家提供力所能及的帮助。只有坚持正确义利观，才能把工作做好、做到人的心里去，这是中国外交得道多助的一个重要基础。为此，中国要不断加强同广大发展中国家的团结合作，共同维护发展中国家正当权益，支持发展中国家在国际事务中的代表性和发言权。

在多边外交方面，习近平强调："现在，世界上的事情越来越需要各国共同商量着办，建立国际机制、遵守国际规则、追求国际正义成为多数国家的共识。"因此，中国要深度参与多边外交进程，特别是国际发展议程的制定，推出中国方案，更加主动地参与全球治理，阐述中国主张，发挥建设性大国作用。

中国要坚持走和平发展道路，但决不能放弃我们的正当权益，决不能牺牲国家核心利益。习近平强调了中国和平发展的原则和底线："任何外国不要指望我们会拿自己的核心利益做交易，不要指望我们会吞下损害我国主权、安全、发展利益的苦果。中国走和平发展道路，其他国家也都要走和平发展道路，只有各国都走和平发展道路，各国才能共同发展，国与国才能和平相处。"

二、持续加大开放

回顾过去70年多来中国走过的对外开放发展历程，毫无疑问，是极不平凡的。

（一）新中国成立之初有重点的单向开放格局

1949年的新中国，百废待兴。以毛泽东同志为核心的党的第一代中央领导集体，多次表明了中国需要学习世界先进思想文化、经济运行方式和先进科学技术的愿望。1949年6月，毛泽东在新政治协商会议筹备会上表示，中国人民愿意同世界各国人民实行友好合作，恢复和发展国际通商事业，以利发展生产和繁荣经济。

1949年7月，毛泽东在《论人民民主专政》一文中也表达了希望和外国做生意的想法。但鉴于二战后，国际社会出现了以美国为首的资本主义阵营与以苏联为首的社会主义阵营的对立，新中国奉行“一边倒”的外交政策，相应地，对外开放的重心就在社会主义国家一边。正如毛泽东在中共七届二中全会上指出：“关于同外国人做生意，那是必须的，有生意就得做。……我们必须尽可能地首先同社会主义国家和人民民主国家做生意，同时，也要同资本主义国家做生意。”在此思想指导下，中国与苏联等社会主义国家建立了亲密的合作关系，中苏在50年代相继签订了《中苏友好同盟互助条约》《中苏关于苏联贷款给中华人民共和国的协定》《中苏贸易协定》等一系列贸易协定，两国协商苏联援助中国建立156个重点工业建设项目，为稳定中国新生政权与奠定工业化基础发挥了重要作用。与此同时，中国在六七十年代与部分民族独立国家和西方发达国家进行了贸易往来。这一时期，中国的对外开放是有重点的单向开放，处于起步阶段。

（二）改革开放初期开放型经济探索阶段

1978年12月，中共中央召开了新中国成立以来具有划时代意义的十一届三中全会，中国由此拉开了改革开放的大幕，对外开放进入新时期。邓小平鼓励各地应该大胆地实践，大胆地试，先不要下结论，干了再说。最能表达邓小平想法的就是“白猫黑猫论”，即不管黑猫白猫，捉到老鼠就是好猫。因此中国的对外开放是在不断摸索中前进的，以“摸着石头过河”为基本思路，经历了从局部开放到全面开放的过程。

1979年，中共中央、国务院批准率先给予广东和福建两省在对外经济活动中实行“特殊政策，灵活措施”，进而设立深圳、珠海、厦门和汕头四个经济特区；1984年党中央、国务院决定进一步开放大连、秦皇岛、天津、上海等14个沿海大中型港口城市；1985年，中国又相继在长江三角洲、珠江三角洲、闽东南地区和环渤海地区开辟经济开放区；1988年设立了面积最大的海南经济特区；1990年，决定开发和开放上海浦东新区。

至此，中国的对外开放已经形成了“经济特区—沿海开放城市—沿海经济开放区—内地”这样一个全方位、多层次、宽领域的对外开放格局，经济建设取得了举世瞩目的成就。这一阶段可以界定为开放型经济探索阶段，主要特征是利用劳动密集型产业国际转移的历史机遇，在大力承接国际订单和吸引外资中发展出口导向型劳动密集型制造业。

（三）“南方谈话”后全方位开放新格局的形成

1992 年 1 月，中国改革开放的总设计师邓小平视察了南昌、深圳、珠海和上海等地，并发表了一系列具有重要现实性和深远历史意义的谈话。南方谈话是在中国改革开放和现代化建设即将进入新阶段的关键时刻发表的极为重要的里程碑式谈话。

抓住时机，加快发展是邓小平南方谈话的一个重要精神。邓小平称：“要坚持党的十一届三中全会以来的路线、方针、政策，关键是坚持‘一个中心、两个基本点’。不坚持社会主义，不改革开放，不发展经济，不改善人民生活，只能是死路一条。基本路线要管一百年，动摇不得。”同时，他对广东省和深圳市的负责人强调，改革开放胆子要大一些，敢于试验……看准了的就大胆地试，大胆地闯。邓小平南方谈话，极大地鼓舞了全党和全国各族人民，使广大干部和群众思想更加解放，精神更加振奋，上下团结一致，到处是开发、开放的热气腾腾的景象。

1992 年 10 月中国共产党第十四次全国代表大会在北京召开，会议提出了坚持用邓小平同志建设有中国特色社会主义理论武装和统一全党思想的任务，确认了邓小平南方谈话的精神，确立了建立中国社会主义市场经济体制的改革目标，从而为中国共产党加快进行改革开放和现代化建设步伐的战略部署提供了新的理论指导。报告指出，利用外资的领域要拓宽，采取更加灵活的方式，继续完善投资环境，为外商投资经营提供更方便的条件和更充分的法律保障。积极开拓国际市场，促进对外贸易多元化，发展外向型经济。

1992 年是中国对外开放幅度最大、步伐最快的一年。以邓小平南

航拍深圳经济特区中轴线

方谈话和中国共产党的第十四次全国代表大会为标志，开启了中国改革开放和现代化建设的新阶段。中国对外开放逐渐由沿海向沿边、沿江和内陆省区纵深扩展，形成了以5个经济特区和14个开放城市为先行的沿海地区，以上海浦东开发为龙头的长江沿岸地区和以省会城市为中心的内陆地区构成的多层次、全方位的对外开放新格局，使得中国人可以以更加自信的状态拥抱世界。其中，上海浦东的开发、开放，是20世纪90年代中共中央和国务院加快中国沿海和沿江地区对外开放所迈出的重要一步，在新时期中国对外开放的历史进程中具有十分重要的意义。至1992年，浦东新区已建立的外商投资企业有700多家，投资总额达32.3亿美元，相当于浦东开发前10年总和的20倍，吸引

上海浦东新区陆家嘴地标建筑群

了一批著名的跨国公司，如美国的杜邦公司、德国的巴斯夫公司等。在国家对外开放战略部署下，浦东新区大量引进了高起点的技术、知识密集型产业，在短短几年内建设成为一个高层次的现代化新区。

（四）“走出去”发展战略的提出

当对外开放的大门刚刚打开时，中国更多的是一种“单向”开放，即着重强调吸引外资、鼓励用劳动密集型的“中国制造”换取国外先进技术和管理。因此，单向投资一度是中国对外开放的重点。随着中国经济不断发展，传统一进一出式的对外开放“单车道”已经不能满足中国与世界经济交流合作的需求，中国迫切需要在更高层次上寻求更加多元的对外开放新通道。1997 年，中共十五大报告第一次明确提出“鼓励能够发挥中国具有比较优势的对外投资”的战略方针。这是中共中央根据新的形势和新的任务提出的又一项关乎中国发展全局和前途的重大战略。随即，中共中央对“走出去”战略作了总体部署，鼓励和支持在国际竞争中有实力的中国优秀企业，通过采取对外投资、对外承包工程和对外劳务合作等多种方式走出国门，有计划、有步骤地到国外投资办厂，充分利用“两个市场、两种资源”，实现中国经济的可持续发展，实行双向开发。

“走出去”发展战略是中国进一步扩大对外开放，积极参与国际经济分工与合作，主动融入世界经济的正确选择与重要举措。对外开放既要引进来，又要走出去，引进来是为了走出去。中国实施“引进来”与“走出去”相结合的开放战略，可以使中国更好地利用国际资源，更直接地投身国际市场竞争，更有效地参与国际分工与经济合作，以适应经济全球化潮流。这是中国对外开放历程中一大进步，成效显著。中国的多边贸易体系得以建立，对外经贸的市场多元化格局逐步形成。

为进一步推进中国改革开放事业，中央政府正确估量国际国内形势，站在面向21世纪的战略高度，根据“中国需要世贸组织，世贸组织也需要中国”的总体判断，作出加快中国加入世贸组织谈判进程的重大决策。此举是中国积极参与经济全球化条件下国际合作与竞争的重大步骤，是中国对外开放进入新阶段的显著标志。2001年12月，经过长达15年的艰苦谈判，中国终于成功加入世贸组织。中国政府代表团团长、外经贸部部长石广生激动地说，我们终于迎来了这一历史性时刻。

中国是世界上最大的发展中国家，拥有世界总人口的近四分之一，当时的经济总量为世界第7位，外贸进口和出口总值分别为世界第11位和第9位。世贸组织作为一个面向未来的全球性多边贸易组织，目标是建立一个完整的，包括货物、服务、投资等在内的稳定的多边贸易体系。中国的加入，标志着中国跨入21世纪后将进入一个全新开放阶段，较为显著的改变就是由以往单方面的自我开发转变为中国与世贸组织成员之间的双向开放。中国国内市场与国际市场的联系更为紧密，国内经济与国际经济的互动性明显增强，新的开放格局对中国国内经济的发展挑战前所未有，利用国际环境加快发展的机遇也前所未有，机遇大于挑战。因此，加入世贸组织对21世纪的中国和世界经济带来了广泛而深远的影响。

21世纪以来，特别是在2001年中国加入世贸组织这个重大事件的推动下，中国共产党第十六次全国代表大会作出21世纪头20年是一个必须紧紧抓住并且可以大有作为的重要战略机遇期的判断。要把握这个战略机遇期，就要将“引进来”和“走出去”结合起来，全面提高对外开放水平。这样，中国的对外开放在原来“引进来”的内容中又增加了“走出去”的维度，由单向战略开始向双向战略转变。具体来说，双向战略就是把“引进来”和“走出去”更好结合起来，扩大开放领域，优化开放结构，提高开放质量，完善内外联动、互利共赢、安全高效的开放型经济体系，形成经济全球化条件下参与国际经济合作和竞争新优势，推进双向开放。因此，自2001年加入世贸组织至2012年中国共产党第十八次全国代表大会召开，这一阶段中国开放型经济的主要特征是从单方面自我开放为主向与世贸组织成员方之间相互开放为主转变，并逐步建立起符合中国国情以及世贸组织规定的开放型经济体制，进而推动中国经济全面深入地融入全球分工体系中。

（五）十八大后中国双向开放格局的形成与完善

中国共产党第十八次全国代表大会以来，以习近平同志为核心的党中央高度重视对外开放，推进对外开放理论和实践创新，紧紧围绕“实行怎样的对外开放”“怎样扩大对外开放”“如何提升对外开放质量”等问题确立开放发展新理念，得出开放是国家繁荣发展的必由之路，开放带来进步，封闭必然落后的判断。如今，中国改革开放力度不断加大，“引进来”“走出去”在深度、广度、节奏上都是过去所不可比拟的，中国经济正在实现从“引进来”到“引进来”和“走出去”并重的重大转变。

新一届中央领导集体科学判断当前国际国内形势，审时度势地把“双向开放”写入“十三五”规划建议，提出了打造陆海内外联动、东西双向开放的全面开放新格局。这不仅是中国经济实力跃升的体现，更表明中国经济希冀深度融入世界、参与全球治理、谋求互利共赢的态度和决心。为了抓住新一轮的开放发展机遇，以及让世界各国分享中国发展成果，坚持双向开放就是正确的选择。

倡导建立金砖国家组织、亚洲基础设施投资银行等新的国际组织；提出并实施共建“一带一路”倡议，加快构建开放型经济新体制；在全球气候变化、全球经济治理等一系列全球问题的解决上，提出中国方案，贡献中国智慧。

习近平在国内外不同场合都旗帜鲜明地宣示中国改革开放的决心，对全面深化改革和进一步扩大开放作了深入阐释，提出了一系列开放新举措并取得了新的重大成就。2013 年 9 月和 10 月，习近平主席在出访中亚和东南亚国家期间，先后提出共建“丝绸之路经济带”和“21 世纪海上丝绸之路”的重大倡议。“‘一带一路’建设秉持的是共商、共建、共享原则，不是封闭的，而是开放包容的；不是中国一家的独奏，而是沿线国家的合唱。”截至 2020 年底，中国已经同 171 个国家和国际组织签署了205份共建“一带一路”合作文件，一大批重大合作项目已经落地生根。

习近平主席指出，“一带一路”建设是扩大开放的重大战略举措和经济外交的顶层设计，要找准突破口，以点带面、串点成线，步步为营、久久为功。作为迄今为止世界人口规模最大的互利共赢命运共同体，“一带一路”东牵亚太经济圈，西接欧洲经济圈，穿越非洲，环链欧亚，已经有100多个国家和国际组织积极响应，是全世界跨度最长、最具潜力的合作带。“一带一路”倡议源于中国，机会和成果属于世界。

2015年12月，习近平在中共中央经济工作会议上提出，面对经济新常态，扩大对外开放，要更加注重推进高水平双向开放。要奉行互利共赢的开放战略，坚持内外需协调、进出口平衡、引进来走出去并重、引资引技引智并举，发展更高层次的开放型经济，积极参与全球经济治理和公共产品供给，提高中国在全球治理中的制度性话语权。

2016年1月，习近平在学习贯彻十八届五中全会精神研讨班上对中国改革开放以来的经济发展作出总结。他指出，中国经济总量在世界上的排名，改革开放之初是第十一；2005年超过法国，居第五；2006年超过英国，居第四；2007年超过德国，居第三；2009年超过日本，居第二。2010年中国制造业规模超过美国，居世界第一。中国用几十年实践走完了发达国家几百年走过的发展历程，创造了世界发展的奇迹。

2017年10月，中国共产党第十九次全国代表大会报告强调，要以“一带一路”建设为重点，坚持引进来和走出去并重，遵循共商共建共享原则，形成陆海内外联动、东西双向互济的开放格局。坚持双向开放，拓展经济发展空间，是更好统筹国际国内两个市场、两种资源、两类规则的有效途径。坚持双向开放就是要坚持引进来与走出去并重，这是中国经济发展进入新阶段的要求，也是开放型经济发展到较高阶段的特征。在“引进来”方面，适应中国加快转变经济发展方式的要求，着力提高引资质量，注重吸收国际投资搭载的技术创新能力、先进管理经验，吸引高素质人才。引资、引技和引智并举。在“走出去”方面，适应中国从贸易大国、对外投资大国向贸易强国、对外投资强国转变，大力支持中国企业扩大对外投资，推进中国技术、标准和服务走出去，提升中国企业在国外的竞争力，提升在全球价值链中的位置。

从“引进来”到“走出去”，中国在对外开放中展现大国担当。2018 年 4 月，习近平主席在博鳌亚洲论坛 2018 年年会开幕式上指出，中国从加入世界贸易组织到共建“一带一路”，为应对亚洲金融危机和国际金融危机做出重大贡献，连续多年对世界经济增长贡献率超过 30%，成为世界经济增长的主要稳定器和动力源，促进了人类和平与发展的崇高事业。

2019 年 11 月 5 日，第二届中国国际进口博览会在上海开幕。

（六）中国坚定新时代双向开放格局的决心及取得的成就

2018 年 11 月，首届中国国际进口博览会在上海成功举行，吸引了 172 个国家、地区和国际组织，3600 多家企业参展，40 多万名境内外采购商到会洽谈采购，成交额达到 578 亿美元。4500 多名各界知名人士出席虹桥国际经贸论坛。这再次表明，中国支持自由开放贸易、主动向世界开放市场的决心不会有任何动摇。习近平主席表示，中国将坚持对外开放基本国策，大幅度放宽市场准入，加大保护知识产权力度，创造更具吸引力的投资和营商环境 。

链接

中国国际进口博览会

（China International Import Expo，简称 CIIE 或进博会）

2017 年 5 月，习近平主席在首届“一带一路”国际合作高峰论坛上宣布，中国将从 2018 年起举办中国国际进口博览会。进博会由中华人民共和国商务部、上海市人民政府主办，旨在坚定支持贸易自由化和经济全球化、主动向世界开放市场。自 2018 年第一届中国国际进口博览会开始，进博会的举办日期为 11 月 5 日—11 月 10 日，举办地为中国上海。至今，进博会已成功举办三届。

广州南沙自贸区全景

2018年12月，习近平在庆祝中国改革开放40周年大会上发表讲话，他指出，40年来，从兴办深圳等经济特区、沿海沿边沿江沿线和内陆中心城市对外开放到加入世界贸易组织、共建“一带一路”、设立自由贸易试验区、谋划中国特色自由贸易港、成功举办首届中国国际进口博览会，从“引进来”到“走出去”，中国国内生产总值占世界生产总值的比重由改革开放之初的1.8%上升到15.2%，多年来对世界经济增长贡献率超过30%。中国货物进出口总额从206亿美元增长到超过4万亿美元，累计使用外商直接投资超过2万亿美元，对外投资总额达到1.9万亿美元。现在，中国是世界第二大经济体、制造业

第一大国、货物贸易第一大国、商品消费第二大国、外资流入第二大国，中国外汇储备连续多年位居世界第一，中国人民在富起来、强起来的征程上迈出了决定性的步伐！

在国内外多个场合，习近平字字铿锵，为新时期对外开放指明了新的方向和道路，向世界传递了中国更加积极主动对外开放的坚定决心。如在2019年二十国领导人峰会上表明中国将主动扩大进口。中共十八大以来，中国对外开放铺展出气势恢宏的新画卷，吸引外资、对外投资、进出口贸易等领域千帆竞发，全方位、多层次、宽领域的开放特色愈见明显。中国对外开放进入引进来和走出去更加均衡的阶段，从早期“引进来”为主转为大进大出新格局，出现了市场、资源能源、投资对外深度融合的新局面，“引进来”与“走出去”基本平衡的双向投资布局日渐完善。从“引资”到“选资”，从商品输出到资本输出——新常态下，中国经济与世界经济深度互动，双向投资日趋平衡、齐头并进。

在“引进来”方面，中国日益完善的投资和创业环境，是引进外资的坚实基础。营造稳定、公平和透明的投资环境，使得中国成为最热门的投资热土。仅2016年在中国新设立的外商投资企业就有27900家，自由贸易试验区标志着中国对外开放迈入新的历史阶段，上海自贸区为先行者，负面清单制度对世界投资者来说是定心丸。由自贸区开始，中国的市场准入全面实行负面清单制度，以开放倒逼中国行政管理体制改革，对内对外相统一，不一样的治国理念彰显中国自信。18个自贸区勾画出中国升级版的开放版图，上海、广东、福建、天津、浙江、辽宁、海南、山东、江苏、河北、广西，串起了沿海开发的新窗口；河南、陕西、湖北、重庆、四川、云南、黑龙江，成为内陆开放的新高地。

既要“引进来”，也要“走出去”，双向开放是完善对外开放战略布局的重要举措。新时代中国对外直接投资，首次跃居世界第二位。从资本输入到资本输出，从世界工厂变为世界市场，一桩桩海外并购，折射出中国经济的实力飞跃，在最先进领域与世界携手并进，3万家中国企业几乎遍布全球。如联想2005年收购IBM个人电脑业务，迈出了中国企业在全球配置资源的重要一步。此后，联想每年都会举办创新科技大会，汇聚全球伙伴，分享最先进的技术和理念，从一家中国企业很快成长为世界舞台上的领导者。而联想只是中国企业在海外的一个缩影。

中共十八大以来，中国对外开放水平不断在新时代迈上新台阶，形成了新格局，开放型经济对经济社会发展的贡献日益突出，境外经贸合作区建设、基础设施建设、对外承包工程亮点纷呈，对外直接投资快速增长。尽管世界经济贸易增长乏力，但中国贸易双向投资却逆势上涨。2018 年全年，中国实际使用外资 1349.7 亿美元，同比增长 3%；中国全行业对外直接投资 1298.3 亿美元，同比增长 4.2%。这是中国利用国际国内两个市场两种资源的能力不断提升的最好诠释。

为进一步推进双向开放战略，习近平在国际国内不同场合就中国的具体实现路径进行了指示，向世界宣示了中国在新时代坚定双向开放的决心。首先，改善外商投资环境。加强利用外资法治建设，统一内外资法律法规，制定新的外资基础性法律；完善外商投资管理体制，营造公平竞争的市场环境，全面实行准入前国民待遇加负面清单制度，依法给予外资企业同等待遇；大幅度放宽市场准入，放宽外资金融机构设立限制，扩大外资金融机构在中国业务范围，拓宽中外金融市场合作领域；保护外商投资合法权益，不以强制转让技术作为市场准入的前提条件；加强知识产权保护，严厉打击侵权假冒违法犯罪行为，鼓励中外企业开展正常技术交流合作。

其次，创新对外投资方式。促进国际产能合作，在更高层面上、更广空间内参与国际合作，培育互利共赢的新格局；加强对海外并购的引导，重在扩大市场渠道、提高创新能力、打造国际品牌，增强企业核心竞争力；规范海外经营行为，引导企业遵守东道国法律法规、保护环境、履行社会责任，遏制恶性竞争，努力实现共同、可持续的发展。

最后，促进贸易和投资自由化便利化。支持多边贸易体制，落实世贸组织《贸易便利化协定》，积极参与服务贸易协定、政府采购协定等谈判；稳步推进自由贸易区建设，推动区域全面经济伙伴关系协定早日达成，推进亚太自贸区和东亚经济共同体建设，逐步构筑起立足周边、辐射“一带一路”、面向全球的高标准自由贸易区网络；继续与有关国家商谈高水平的投资协定以及各种形式的优惠贸易安排，妥善应对贸易摩擦，既管控好分歧，又维护好利益。

随着中国经济实力和国际分工地位的变化，中国从最初注重出口、引进外资的“单向开放”，逐步转向注重进出口平衡、引进外资和对外投资平衡的“双向开放”。这既是中国外汇储备日益充足的表现，也是中国在国际分工中的作用愈发重要，需要从国际市场上吸收优质和充足的资源和中间品供给的证明。同时也是中国更深入参与全球价值链的需要，为实现产业升级和价值链地位的提升，需要对外投资以获取发展所需的资源和知识等优质要素的表现。如今，中国已经成为全球最大货物贸易国、最大外汇储备国、最大吸收外资国，对外投资也位列全球第三位，中国和世界经济的融合联系进一步加深，中国对世界的影响与世界对中国的影响达到前所未有的高度。新时期的开放，是在全球经济版图上的谋篇布局，是坚持统筹国内国际两个大局基础上的“双向开放”，在内外需协调、进出口平衡、“引进来”和“走出去”并重、引资引智引技并举等各个方面要更好利用两个市场、两种资源，推动互利共赢、共同发展。

因此，中共十八大以来的中国经济处于主动开放新阶段，其标志性事件就是中国对内设立自贸试验区对标国际经贸新规则，对外倡议“一带一路”建设，主动布局对外区域经济合作与自贸区战略。为适应经济全球化新形势，中国以开放促改革和以改革促开放相结合，推动对内对外开放相互促进、“引进来”和“走出去”更好结合，在促进国际国内要素有序自由流动、资源高效配置、市场深度融合中，加快培育参与和引领国际经济合作竞争新优势，不断完善双向开放格局。

三、从和平共处五项基本原则到构建人类命运共同体

从和平共处五项原则到构建人类命运共同体，是中国顺应历史发展和形势变化需求，在外交思想和理论上的继承、创新与发展。二者一脉相承，都是从谋求中国和全世界人民的利益出发，又是以实现全世界人民的共同美好愿望为目的。但二者又反映了不同的时代特点，后者是前者的发展与创新。当前世界经济一体化，科学技术和交通信息的空前发展使世界互联互通，人类的共同利益日益彰显，在此情况下中国积极主张并身体力行，努力构建命运共同体，是中国对人类新的重大贡献。

从和平共处五项原则到构建人类命运共同体，其道路是前进的亦是曲折的。和平共处五项原则早已被世界所承认，而人类命运共同体的理念则提出不久，大部分国家感同身受，有些国家尚在思考中，而有些抱有一己之私的国家显然不以为然。但不可否认的事实是，体现命运共同体思想的“一带一路”倡议正在得到越来越多的国家响应，面向发展中国家群体的亚投行也受到普遍欢迎。无论是“一带一路”还是亚投行，都彰显出人类命运共同体理念强大的生命力，这也证明该理念必然会被越来越多的国家和人民所接受。这是人心所向、大势所趋，且不可阻挡。

（一）和平共处五项原则体现了新中国的基本外交理念

新中国一成立，周恩来总理就提出要书写我们中国自己的外交学，一代代的党和国家领导人和全国人民都致力于此，而倡导和致力于构建人类命运共同体无疑是中国外交学理论上最亮眼的新篇章。从倡导和平共处五项原则到提出构建人类命运共同体，中国外交学越写越丰富，越写越深刻，越写越精彩。

众所周知，和平共处五项原则是中国奉行独立自主和平外交政策的基础和完整体现，至今已经被世界绝大多数国家所接受，并成为规范国际关系的重要准则。1953 年 12 月，周恩来在会见印度代表团时第一次提出和平共处五项原则，即“互相尊重领土主权，互不侵犯，互不干涉内政，平等互利，和平共处”。该原则提出后很快得到中国、印度和缅甸政府的倡导，并发展至今。

1954 年 4 月 29 日，中印两国在北京签订了《中印两国关于中国西藏地方与印度之间的通商与交通协定》，这个协定的前言中首次载入指导两国关系的“和平共处五项原则”，该原则首次以文字形式见诸国际条约。同年 6 月底，周恩来在日内瓦会议休会期间，先后应邀访问了印度和缅甸，他分别与印度总理尼赫鲁和缅甸总理吴努发表的《联合声明》都写进了这些原则，并进一步确认它适用于同亚洲及世界其他国家的关系中。

（二）万隆会议与和平共处五项原则的发扬

1954 年 10 月 12 日，中国政府和苏联政府共同签署了《联合宣言》，两国政府在《联合宣言》中又将“互相尊重领土主权”改为了“互相尊重主权和领土完整”。中苏《联合宣言》中明确指出：“中华人民共和国和苏联将继续把他们同亚洲和太平洋区域的各个国家以及其他国家的关系建立在严格遵守互相尊重主权和领土完整、互不侵犯、互不干涉内政、平等互利、和平共处的各项原则的基础之上。”至此，和平共处五项原则得到了最完整、最科学的表达。

1955 年 4 月 18 日，亚非会议在印度尼西亚风光美丽的万隆正式召开，周恩来总理率领中国代表团出席会议。出席会议的有亚非 29 国代表团，聚集在独立宫。此次会议使亚非国家团结一致，从四面八方汇集在一起，重申亚非国家在世界舞台上的重要性，表明他们在国际事务中是不容忽视的力量。周恩来在大会上发言说：“从消除殖民主义的痛苦和灾难中寻找共同基础，我们之间就很容易相互了解、尊重、关怀和支持，而不是相互怀疑、恐惧、排斥和对立。”随后，万隆会议发表了著名的《关于促进世界和平与合作的宣言》，宣言提出的十项国际关系原则包括了和平共处五项原则的全部内容。

和平共处五项原则的提出，是中国独立自主外交政策的完整体现，标志着中国外交政策的成熟，同时也是国际关系史上的重大创举，为推动建立公正合理的新型国际关系做出了历史性贡献。

（三）和平共处五项原则成为处理当代国际关系的准则

和平共处五项原则虽然首先是为处理与亚洲民族独立国家的关系而提出的，但中国领导人逐渐将它作为处理一般国际关系的准则。和平共处五项原则的提出与实践为新中国的建设与发展营造了稳定、和平的国际和国内环境，“这五项原则是适合我国的情况的，我国需要长期的和平环境，对我们来说，稳定比较好，不仅是国际上需要稳定，而且国内也要稳定”。根据参加日内瓦会议所了解到的各方面情况，中共中央准备采取更积极的外交步骤，不仅要改善中国同周边国家的关系，而且要改善中国同一些西方国家的关系。在周恩来回国期间，毛泽东指出："现在，门要关死已经不可能了，而且很有一种有利的局势，需要我们走出去"；"在目前世界上这样四分五裂的形势下，一块铁板那样的事情是不可能的"。他提出，对于英、法这类国家，要改善关系，争取建立正式外交关系；对于一切希望和平而对中国还有某些疑虑的国家，特别是周边国家，要主动地去做工作；对美国这样的国家也不是没有文章可做。

此外，1957 年毛泽东主席在莫斯科向全世界庄严宣告，中国坚决主张一切国家实行和平共处五项原则。1963 年底至 1964 年初，周恩来出访亚洲、非洲和欧洲的 14 个国家，提出了中国经济援助的八项原则，把五项原则扩展到经济领域。1974 年，邓小平在特别联大上再次强调，国家之间的政治和经济关系都应建立在和平共处五项原则的基础上。1988 年，邓小平更明确提出以和平共处五项原则为准则，建立国际政治经济新秩序的主张。和平共处五项原则已逐步为世界大多数国家所接受，不仅在各国大量的双边条约中得到体现，而且被许多国际多边条约和国际文献所确认。1970 年第 25 届联大通过的《关于各国依联合国宪章建立友好关系及合作的国际法原则宣言》和 1974 年第 6 届特别联大《关于建立新的国际经济秩序宣言》，都明确把和平共处五项原则包括在内。

60 多年以来，和平共处五项原则经受了国际风云变幻的考验，显示了强大的生命力，在促进世界和平与国际友好合作方面发挥了巨大作用。中国不仅是和平共处五项原则的倡导者，而且是其忠诚的践行者。在这五项原则的基础上，中国与绝大多数邻国解决了历史遗留的边界问题，与世界上大多数国家建立了外交关系。2014 年，在和平共处五项原则 60 周年纪念大会上，习近平表示，和平共处五项原则已经成为国际关系基本准则和国际法基本原则。它精辟体现了新型国际关系的本质特征，是一个相互联系、相辅相成、不可分割的统一体，适用于各种社会制度、发展水平、体量规模国家之间的关系。习近平认为，在过去的60年里，和平共处五项原则有力维护了广大发展中国家权益，为推动建立更加公正合理的国际政治经济秩序发挥了积极作用。同时，新形势下，和平共处五项原则的精神不是过时了，而是历久弥新；和平共处五项原则的意义不是淡化了，而是历久弥深；和平共处五项原则的作用不是削弱了，而是历久弥坚。在这个过程中，中国是和平共处五项原则的积极倡导者和坚定实践者。和平共处五项原则载入了中国宪法，是中国外交政策的基石。

（四）和平共处五项原则与构建人类命运共同体一脉相承

从和平共处五项原则到构建人类命运共同体，是中国顺应历史发展和形势变化，在外交思想和理论上的继承、创新和发展，二者一脉相承，薪火相传。在和平共处五项原则的基础上，人类命运共同体理念将中国的外交理念以及对世界的美好祝愿传播得越来越远。

2013年3月，习近平主席在莫斯科国际关系学院发表演讲，第一次向世界传递了他对人类文明走向的基本判断：“这个世界，各国相互联系、相互依存的程度空前加深，人类生活在同一个地球村里，生活在历史和现实交汇的同一个时空里，越来越成为你中有我、我中有你的命运共同体。”这是他首次向世界阐述他的“全球观”。

自2013年首次提出构建人类命运共同体以来，随着习近平主席出访的脚步，这一理念的火种也被播撒到更广袤的大地上。当然，人类命运共同体理念的意义不是片面的，而是多层次的。

1. 大道至简：和平发展的中国智慧

构建人类命运共同体理念的关键在于展现中国谋求和平发展的决心，并得到世界更多国家和人民的支持与认可。2017年，习近平主席在日内瓦万国宫“共商共筑人类命运共同体”高级别会议上就讲道：“宇宙只有一个地球，人类共有一个家园。让和平的薪火代代相传，让发展的动力源源不断，让文明的光芒熠熠生辉，是各国人民的期待，也是我们这一代政治家应有的担当。中国方案是：构建人类命运共同体，实现共赢共享。”该演讲向世界展现了中国谋求共同发展的美好信念，得到了世界人民的高度赞扬。同年12月1日，在中国共产党与世界政党高层对话会上的主旨讲话中，习近平强调，中华民族历来讲求“天下一家”，主张民胞物与、协和万邦、天下大同，憧憬“大道之行，天下为公”的美好世界。世界各国尽管有这样那样的分歧矛盾，也免不了产生这样那样的磕磕碰碰，但世界各国人民都生活在同一片蓝天下、拥有同一个家园，应该是一家人。世界各国人民应该秉持“天下一家”理念，张开怀抱，彼此理解，求同存异，共同为构建人类命运共同体而努力。此次演讲，坚定了中国共产党带领中国人民构建人类命运共同体的决心，也更加明晰了未来的前进方向。

2018年5月4日，在纪念马克思200周年诞辰大会上的讲话中，习近平再次向世界人民展现中国谋求和平、谋求全人类合作共赢的理想信念。习近平强调，我们要站在世界历史的高度审视当今世界发展趋势和面临的重大问题，坚持和平发展道路，坚持独立自主的和平外交政策，坚持互利共赢的开放战略，不断拓展同世界各国的合作，积极参与全球治理，在更多领域、更高层面上实现合作共赢、共同发展，不依附别人、更不掠夺别人，同各国人民一道努力构建人类命运共同体，把世界建设得更加美好。此外，习近平多次强调合作共赢的思想，提出“尊重世界文明多样性，以文明交流超越文明隔阂、文明互鉴超越文明冲突、文明共存超越文明优越”的观点，并宣示“中国始终是世界和平的建设者、全球发展的贡献者、国际秩序的维护者”。

2. 实干为要：全球治理的中国方案

构建人类命运共同体理念不仅需要体现中国谋求和平发展的信念，还要揭示建设一个什么样的人类命运共同体以及如何建设。习近平提出“构建平等相待、守望相助、休戚与共、安危共担的命运共同体”，希望“各国人民同心协力、携手前行，努力构建人类命运共同体，共创和平、安宁、繁荣、开放、美丽的亚洲和世界”，从政治、经济、安全、生态、文化等层面，习近平勾勒了人类命运共同体的样貌。关于如何构建，习近平提出了迈向命运共同体的四个“必须坚持”：必须坚持各国相互尊重、平等相待，必须坚持合作共赢、共同发展，必须坚持实现共同、综合、合作、可持续的安全，必须坚持不同文明兼容并蓄、交流互鉴。中国与各国的合作“将坚持正确义利观，不搞我赢你输，我多你少，在一些具体项目上将照顾对方利益”。只有这样，我们才能建设一个和睦的大家庭。

3. 美美与共：面向未来的中国担当

在构建人类命运共同体中，中国不仅在全世界倡导人类同命运共发展，也主动承担起自己的责任。习近平强调：“我们坚决维护以联合国宪章宗旨和原则为核心的国际秩序和国际体系。”2017 年 1 月 18 日，在联合国日内瓦总部的主旨演讲中，习近平主席表示构建人类命运共同体是一个美好的目标，也是一个需要一代又一代人接力跑才能实现的目标。中国愿同广大成员国、国际组织和机构一道，共同推进构建人类命运共同体的伟大进程。该讲话向世界人民展现了中国在世界发展过程中愿意积极努力付出的态度，表明了中国强大的责任感。同年 12 月，习近平在中国共产党与世界政党高层对话会上的主旨演讲中强调，中国共产党是世界上最大的政党，大就要有大的样子。中国共产党所做的一切，就是为中国人民谋幸福、为中华民族谋复兴、为人类谋和平与发展。我们要把自己的事情做好，这本身就是对构建人类命运共同体的贡献。我们也要通过推动中国发展给世界创造更多机遇，通过深化自身实践探索人类社会发展规律并同世界各国分享。此次讲话，不仅再一次向世界展现了中国负责任大国的态度，也在中国共产党党内坚定了在实现中华民族伟大复兴过程中应有的世界范围内的责任意识。

（五）新时代中国外交的“中国方案”令人瞩目

除了这些颇具代表性的经典演讲外，中国在外交工作中也努力践行“人类命运共同体”这一理念，努力构建“中国方案”。构建人类命运共同体是习近平提出的“中国方案”，是解决当今世界各种难题、消弭全球各种乱象的“中国钥匙”。习近平认为，推动建设人类命运共同体，都是从周边先行起步。六年多来，习近平把中国方案带往世界各地，带到人心深处；六年多来，中国正在为构建人类命运共同体做出自己的贡献，从国际维和到远海护航，从“一带一路”到“巴黎气候协定”，从“中非合作”到“埃博拉”救助，从“亚投行”开业到“中欧班列”开通……如今在世界的每一个地方，都能听到中国的声音，看到中国的善举；六年多来，“构建人类命运共同体”这一“中国方案”，毫无疑问已经得到来自五大洲的回响。

共建“一带一路”倡议着眼于构建人类命运共同体，具有极其重要的实践价值。随着共建“一带一路”沿着高质量发展方向不断前进，中国企业不仅在“一带一路”相关国家推进了诸多“高大上”的大型国际合作项目，也参与了不少“小而美”的项目，聚焦增加就业、提高技艺、改善生活，让共建“一带一路”成果惠及更多人。如同春雨润物无声，

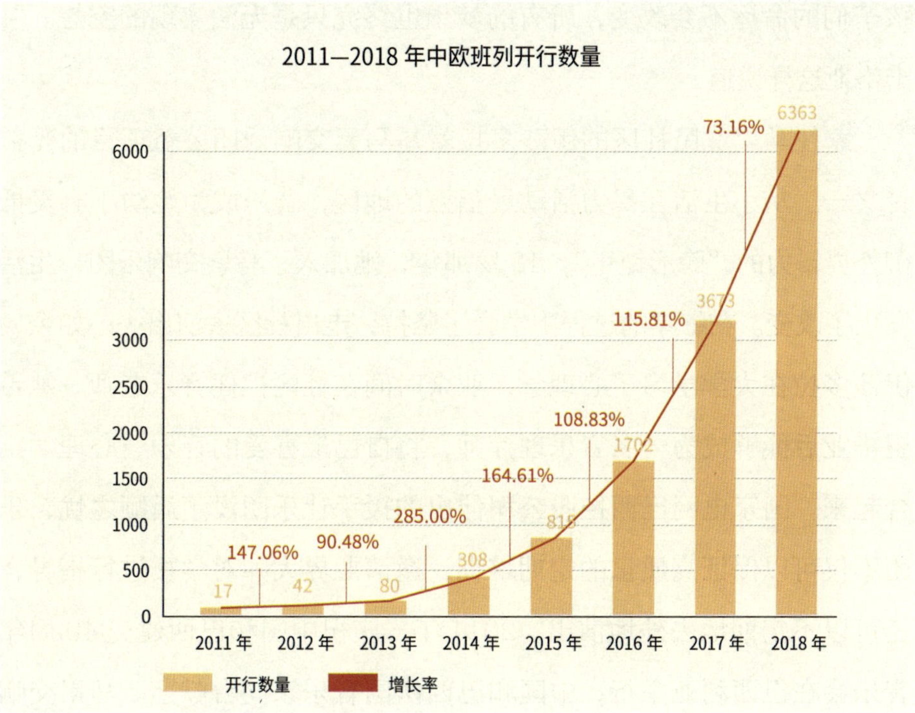

这些不显眼的小项目，融入普通人生活，拉近了心与心之间的距离。

马累作为巴西里约热内卢的贫民窟之一，似乎与优雅的交响乐不太搭边。然而，得益于人类命运共同体理念与实践，一家中国公司和一位巴西人打破了两者间的违和感，让音乐融入当地孩子们的生活，给他们带去了希望。马累明日之潮交响乐团（以下简称“马累交响乐团”），是由卡洛斯·艾德尔多于 2010 年组建、中国国家电网巴西控股公司自 2011 年起持续资助的闻名巴西全境的公益项目。2010 年筹建时，乐团仅有 40 个孩子，公益项目没有收入，卡洛斯要负担起场地、教师工资和乐器等费用，承诺资助的一家巴西企业突然撤资，项目眼看就要搁浅。2011 年，国家电网巴西控股公司的赞助改变了这一现状。“只有中国国家电网在一切都还只是梦想、在整个乐团最危难的时候，选择来到了我们身边。如果不是他们，乐团绝不可能取得今天的成功，孩子们的命运不会改变，所有的梦想也终究只是无法实现的空想。”卡洛斯这样说道。

家住马累贫民社区的伊莎多拉就是马累交响乐团公益项目的受益者之一。从小生活在暴力活动最猖獗的地区，音乐成为她幼小心灵抵御外界暴力的“隐形铠甲”。13 岁那年，她加入了马累交响乐团，生活发生了改变。在练琴的过程中学会了坚持，走出社区去演出……如今，伊莎多拉在大学学习了心理学，业余时间在社区担任音乐老师。她希望毕业后能够成为一名音乐理疗师，将自己最喜爱的音乐与心理学结合起来。国家电网巴西控股公司伸出的援手让乐团没了后顾之忧，乐团不仅可以保证高质量的定期培训，邀请业界大师对学员进行指导，还可以不定期地去外地演出。2014 年，庆祝中国和巴西建交 40 周年音乐会在巴西利亚举行，中国和巴西两国音乐家同台献艺。马累交响乐团在音乐会上演奏中国音乐作品《无锡景》，表演者全部是来自里约热内卢马累贫民窟的青少年。“小小无锡城呀，盘古到如今，东南西北共有四城门呀……”中国民歌《无锡景》在马累交响乐团青少年的演绎下，变得温柔、深情、优美，充满了浓郁的江南风韵。当指挥划出最后一个音符，剧场里激动的观众纷纷起立鼓掌，为这些在中国帮助下成长的音乐少年送上最真挚的祝福。如今的马累交响乐团已经发展壮大，组成了不同梯队的小乐团，累计有超过 2000 多名学生从中受益，成功帮助数千名贫民窟儿童改变了命运。

除了马累，这个世界上还有成千上万的“马累”正受益于中国所倡导的人类命运共同体。从和平共处五项原则到人类命运共同体，中国一直在全心全意为人民谋福利，为世界谋共赢。沧海桑田，时代变化万千，不变的是中国人的信仰，是让世界拥有美好明天的愿望。

四、腾飞的两只翅膀："一带一路"

当今中国在世界舞台上发挥着越来越重要的作用，"一带一路"就是助力亚洲腾飞的两只翅膀。

（一）"一带一路"倡议的提出与完善

2013 年 9 月 7 日，中国国家主席习近平在访问哈萨克斯坦期间发表了重要演讲，提出共建"丝绸之路经济带"的倡议。为了使欧亚各国经济联系更加紧密，可以用创新的合作模式，共同建设"丝绸之路经济带"。通过加强政策沟通、道路联通、贸易畅通、货币流通、民心相通，以点带面，从线到面，逐步形成区域大合作。同年 10 月，习近平主席在访问东南亚国家期间，又提出共建"21 世纪海上丝绸之路"的重大倡议。该倡议明确提出：东南亚地区自古以来就是"海上丝绸之路"的重要枢纽，中国愿意同东盟国家加强海上合作。打造更为密切的中国—东盟命运共同体。这两个倡议的提出为"一带一路"奠定了坚实基础，这两个倡议合称"一带一路"倡议。共建"丝绸之路经济带"倡议涵盖东南亚东北亚经济整合，最终与欧洲形成融合之势。共建"21 世纪海上丝绸之路"倡议则贯通欧亚非大陆，与"丝绸之路经济带"在海上和陆上形成闭合之势。"一带一路"倡议是顺应时代发展浪潮，实现中国融入世界的最佳选择。

2014 年 4 月 1 日，习近平主席在布鲁日欧洲学院发表了题为《在亚欧大陆架起一座友谊和合作之桥》的演讲。他指出，要建设好和平、增长、改革、文明四座桥梁。把中欧合作和丝绸之路经济带建设结合起来，以构建亚欧大市场为最终的目标。2014 年 12 月，中共中央经济工作会议将“一带一路”与京津冀协同发展、长江经济带建设共同列为国家三大战略。“一带一路”倡议将为推动中国经济的发展起到至关重要的作用。

链接 “一带一路”倡议

- 共建原则：
  (1) 恪守联合国宪章的宗旨和原则
  (2) 坚持开放合作
  (3) 坚持和谐包容
  (4) 坚持市场运作
  (5) 坚持互利共赢
- 核心理念：和平合作、开放包容、互学互鉴、互利共赢
- 建设目标：把“一带一路”建设成为和平之路、繁荣之路、开放之路、绿色之路、创新之路、文明之路
- 核心要义：共商、共建、共享
- 合作内容：政策沟通、设施联通、贸易畅通、资金融通、民心相通

（二）政策沟通是“一带一路”的重要保障

2014年6月5日，中阿合作论坛第六届部长级会议在北京召开，习近平主席在开幕式上集中阐述了共商共建共享原则。同年8月，习近平主席出访蒙古国时，表示欢迎周边国家搭乘中国发展“快车”“便车”。一个月后的18日，在印度世界事务委员会上，习近平主席指出：“中国提出‘一带一路’倡议，就是要以加强传统陆海丝绸之路沿线国家互联互通，实现经济共荣、贸易互补、民心相通。中国希望以‘一带一路’为双翼，同南亚国家一道实现腾飞。”11月4日，习近平主持召开了中央财经领导小组第八次会议，他强调，丝绸之路经济带和21世纪海上丝绸之路倡议顺应了时代要求和各国加快发展的愿望，提供了一个包容性巨大的发展平台，具有深厚历史渊源和人文基础，能够把快速发展的中国经济同沿线国家的利益结合起来。

2015年3月28日，中国国家发展和改革委员会、外交部、商务部联合发布了《推进共建丝绸之路经济带和21世纪海上丝绸之路的愿景与行动》，提出：“一带一路”建设是一项系统工程，要坚持共商、共建、共享原则，积极推进沿线国家发展战略的相互对接。当今世界正在发生复杂深刻的变化，“一带一路”倡议的提出正是顺应了当今世界多极化、经济全球化、文化多样化、社会信息化的潮流。而且共建“一带一路”致力于亚欧非大陆及其周围地区的互联互通。中国经济与世界经济联系密切，“一带一路”也是中国对外开放国策的进一步深化。沿线各国资源禀赋各异，经济互补性较强，彼此合作潜力和空间很大。随着世界经济融合加速发展，要积极利用现有双多边合作机制，推动“一带一路”建设，促进区域合作的蓬勃发展。强化多边合作机制作用，发挥上海合作组织（SCO）、中国—东盟（“10+1”）、亚太经合组织（APEC）、亚欧会议（ASEM）、亚洲合作对话（ACD）、亚信会议（CICA）、中阿合作论坛、中国—海合会战略对话、大湄公河次区域（GMS）经济合作、中亚区域经济合作（CAREC）等现有多边合作机制作用，相关国家加强沟通，让更多国家和地区参与"一带一路"建设。中国应充分发挥国内各地区的比较优势，实施更加积极主动的开放战略。

近年来，中国政府采取积极行动加强与沿线国家的沟通磋商，推动与沿线国家的务实合作，实施了一系列政策措施。共建"一带一路"的途径是以目标协调、政策沟通为主，不刻意追求一致性，可具有高度灵活性，富有弹性，是多元开放的合作进程。中国与沿线国家一起不断充实完善"一带一路"的合作内容和方式，共同指定时间表、路线图，积极对接沿线国家发展和区域合作规划。"一带一路"是一条互尊互信之路，一条合作共赢之路，一条文明互鉴之路。只要沿线各国和衷共济、相向而行，就一定能够谱写建设丝绸之路经济带和 21 世纪海上丝绸之路的新篇章，让沿线各国人民共享"一带一路"共建成果。

（三）设施联通是"一带一路"的血脉经络

2014 年 5 月，李克强总理访问肯尼亚期间，中肯签署了关于蒙巴萨—内罗毕铁路相关合作协议，蒙内铁路是肯尼亚百年来建设的首条新铁路，是东非铁路网的咽喉，也是东非次区域互联互通重大项目，规划全长 2700 公里，预计总造价 250 亿美元。铁路的建设把中国的资金、技术、标准、装备制造和管理经验带入了非洲。李克强总理在这次访问中提出的要互联互通的航空、铁路、公路三大网络在肯尼亚都能体现。蒙内铁路于 2014 年 9 月开工修建，2017 年 5 月 31 日建成通车。肯尼亚蒙内铁路自开通以来，已连续安全运送乘客 252 万人次，凭借运营团队专业、细致、贴心的服务，屡获赞誉。蒙内铁路的开通促进

肯尼亚内罗毕，蒙内铁路穿过内罗毕国家公园采用全高架方式，保证野生动物可以安全穿行。

了沿途地区经济的发展，推动了肯尼亚的工业化进程，是“一带一路”倡议造福沿线国家，推动各国经济共同发展的典型案例。

2015 年 12 月 22 日，中国建筑股份有限公司同巴基斯坦国家高速公路管理局签署了巴基斯坦卡拉奇—拉合尔高速公路（苏库尔—木尔坦段）项目 EPC 总承包合同。2016 年 5 月 6 日，该高速公路正式开工。卡拉奇—拉合尔高速公路全长约 1152 公里，为中巴经济走廊最大交通基础设施项目。巴基斯坦总理谢里夫指出：“这条高速公路建成后，能将巴基斯坦南部瓜达尔港经卡拉奇同中国西部城市喀什相连，有助于巴基斯坦同中国、伊朗、阿富汗、中亚国家加强互联互通。这项工程对巴基斯坦具有重要意义。”2015 年 12 月 31 日，“中巴经济走廊—2016 中国产能合作友好访问团”新闻发布会暨大型纪录片《巴铁》启动仪式在巴基斯坦驻华大使馆举行。

当地时间 2020 年 3 月 12 日，印尼雅万高铁 5 号隧道贯通。这是继 2019 年 5 月 11 日瓦利尼隧道贯通后，雅万高铁项目第二座贯通的隧道。

2016 年 1 月 21 日，印度尼西亚雅万高铁开工奠基仪式举行，印尼雅万高铁也是印尼乃至东南亚地区的首条高铁，标志着中国铁路特别是高速铁路“走出去”取得历史性突破。印尼首都雅加达至第四大城市万隆的高速铁路，全长 150 公里，最高设计时速 300 公里。印尼雅万高铁的修建使得雅加达到万隆间的旅行时间，由 3 个多小时缩短至 40 分钟以内。中国印尼合作建设雅万高速铁路，能够进一步加快泛亚铁路网建设，推动中国与“一带一路”沿线国家之间的互联互通。此外，雅万高速铁路的建立，对于改善印尼民生，增加就业机会，缓解交通压力，促进印尼社会经济的发展都具有重要的意义。

2016 年 12 月 25 日，由老挝总理通伦亲自主持，中国老挝铁路正式全线开工。规划指出中国老挝铁路将于 2021 年全线启用，届时从中国边境到万象只需 4 小时。中国老挝铁路的建设不仅将中国与老挝之间的共同利益紧密地联系起来，有助于双方在其他方面展开更深层次的合作，而且极大地节省了人力和物力资源。

重大基础设施工程投资需求，为中国装备和国际产能合作结缘世界，推动开放型经济格局由“大进大出”向“优进优出”转变创造了难得的机遇。在“一带一路”倡议引领下，中国的工程企业开始快速扬帆出海。2016 年，中国对外承包工程业务完成营业额 1594 亿美元，同比增长 3.5%。其中，对“一带一路”沿线国家完成营业额 760 亿美元，同比增长 9.7%，占对外承包工程业务完成营业额比重为 47.7%。

基础设施建设互联互通是实施“一带一路”倡议的基础，一系列基础设施工程的投资建设，构成了由铁路、公路、航空、航海、油气管道、输电线路和通信网络等组成的综合性立体互联互通网络，彻底改变了目前制约“一带一路”沿线国家深化合作的“薄弱环节”，为当今世界跨度最大、最具发展潜力的经济合作带奠定了基础。

（四）贸易畅通使得“一带一路”建设更加繁荣

随着“一带一路”建设的不断深入，中国贸易周（China Trade Week）于 2015 年 7 月 1 日至 3 日在东非肯尼亚国际展览中心 KICC 举办。200 多家中国企业集中展示了自己的产品，行业涉及建筑建材、工程机械、汽摩配、塑料塑胶、消费品和食品农业等。同期还举办了“新丝绸之路研讨会”和“中国民俗文化汇报演出”活动。肯尼亚中国贸易周获得了肯尼亚工商商会、肯尼亚投资局、肯尼亚国际展览中心、肯尼亚压经济部等当地政府机构的支持。

2018 年 7 月 5 日，在乌克兰首都基辅乌克兰工商会大楼内，乌克

2020 年 4 月 7 日，云南玉溪，铺架机将一节轨排安放在铁路路基上，中老铁路中国国内玉溪至磨憨段铺轨全面启动。

兰“一带一路”贸易投资促进中心正式揭牌。“一带一路”贸易投资促进中心，旨在为乌企业家开拓中国及“一带一路”沿线其他国家市场提供信息咨询服务，为开展跨国合作牵线搭桥。该中心的成立，标志着中乌双方推动经贸合作的机制化联系得到加强。

“一带一路”是促进共同发展、实现共同繁荣的合作共赢之路，是增进理解信任、加强全方位交流的和平友谊之路。中国政府倡议，秉持和平合作、开放包容、互学互鉴、互利共赢的理念，全方位推进务实合作，打造政治互信、经济融合、文化包容的利益共同体、命运共同体和责任共同体。中国的发展是世界的机遇，中国是经济全球化的受益者，更是贡献者。中国提出的“一带一路”倡议，最终目的就是要实现共赢共享发展。

（五）资金融通助推“一带一路”建设行稳致远

2014年11月8日，习近平主席宣布出资400亿美元成立丝路基金，他指出，如果将“一带一路”比喻为亚洲腾飞的两只翅膀，那么互联互通就是两只翅膀的血脉经络。我们要建设的互联互通，应该是基础设施、制度规章、人员交流三位一体，应该是政策沟通、设施联通、贸易畅通、资金融通、民心相通五大领域齐头并进。这次讲话就对“一带一路”倡议的总体内容进行了阐述。

在2014年11月9日的APEC工商领导人峰会上，中国国家主席习近平指出，丝路基金将为“一带一路”沿线国家的基础设施建设、资源开发、产业合作和金融合作等与互联互通有关的项目提供投融资支持。2014年12月29日，丝路基金正式成立，资金规模为400亿美元，首期资本金100亿美元。由外汇储备（占比65%，通过梧桐树投资平台有限责任公司）、中国投资有限责任公司（占比15%，通过赛里斯投资有限公司）、中国进出口银行（占比15%）、国家开发银行（占比5%，通过国开金融有限责任公司）共同出资。丝路基金类似私募股权投资（Private Equity，简称PE），以股权投资为主，主要为“一带一路”框架内的经贸合作和多边互联互通提供融资支持，投资期限较长。丝路基金按照市场化、国际化、专业化的原则开展投资业务，可以运用股权、债权、基金、贷款等多种方式提供投融资服务，也可与国际开发机构、境内外金融机构等发起设立共同投资基金，进行资产受托管理、对外委托投资等。同时，丝路基金在股权投资、资源开发、产能合作和金融合作等领域具备灵活性等优势。丝路基金参与投资的项目涵盖了巴基斯坦、哈萨克斯坦、俄罗斯、阿联酋、埃及、意大利等国家，包括合作设立产能合作专项基金、投资企业及项目股

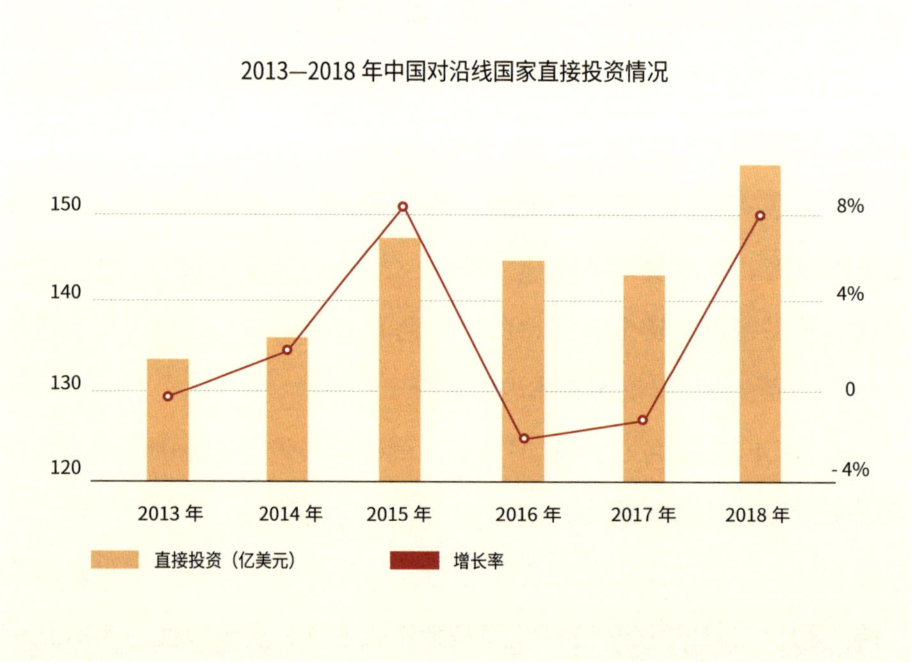

权等。作为中国对国际投融资进行探索的重要模式，丝路基金在“一带一路”建设过程中发挥了独特作用。

2016 年 1 月 10 日，在距离巴基斯坦首都伊斯兰堡 50 多公里处的吉拉姆河畔，三峡集团承建的卡洛特水电站主体工程开工，这也是丝路基金对外投资的第一个项目。中国政府向巴基斯坦承诺在 2030 年前将对其投资至少 350 亿美元，为建造发电厂提供融资。卡洛特水电站的设计和施工均采用中国标准，将于 2021 年建成，能够很大程度上缓解巴基斯坦用电紧张的问题。

2014 年，中国发起筹建亚洲基础设施投资银行（Asian Infrastructure Investment Bank，简称“亚投行”，AIIB）。同年 10 月 24 日，包括中国、

印度、新加坡等在内的21个首批意向创始成员国的财长和授权代表在北京签约，共同决定成立亚投行。截至2015年4月15日，亚投行意向创始会员国确定为57个，其中域内国家37个、域外国家20个。

2016年1月16日，习近平主席在亚洲基础设施投资银行开业仪式上致辞，他指出，亚投行正式成立并开业，对全球经济治理体系改革完善具有重大意义。倡议成立亚投行，中国承担了更多的国际责任、推动完善了现有的国际经济体系，中国将始终坚持做全球发展的贡献者。2019年7月13日，亚洲基础设施投资银行（亚投行）理事会批准贝宁、吉布提、卢旺达加入亚投行，亚投行成员总数达到100个。

（六）民心相通为“一带一路”提供强劲动力

2015年5月22日，新丝绸之路大学联盟成立，该联盟是由西安交通大学发起，由22个国家和地区的近百所大学先后加入而组成，推动了沿线国家之间的人才交流和文化沟通。

2015年9月22日，习近平主席在美国华盛顿州西雅图市出席华盛顿州当地政府和美国友好团体联合举行的欢迎宴会上指出：“中国是现行国际体系的参与者、建设者、贡献者……我们推动共建‘一带一路’、设立丝路基金、倡议成立亚洲基础设施投资银行等，目的是支持各国共同发展，而不是要谋求政治势力范围。‘一带一路’是开放包容的，我们欢迎包括美国在内的世界各国和国际组织参与到合作中来。”这次讲话是对西方对“一带一路”倡议某些错误认识的有力回应，从而使各国人民更好地理解“一带一路”倡议的目的和宗旨。

同年10月15日，习近平主席在北京会见出席亚洲政党丝绸之路专题会议的外方主要代表时，再次强调加快“一带一路”建设，不仅有助于促进沿线各国经济繁荣和区域经济合作，也有助于加强不同文明交流互鉴，促进世界和平发展。

2015 年 10 月 17 日，丝绸之路（敦煌）国际文化博览会筹委会文化传承创新高端学术研讨会在敦煌举行。由复旦大学、北京师范大学等 46 所中外高校在敦煌组成了“一带一路”高校战略联盟，并且达成了“敦煌共识”，旨在打造“一带一路”高等教育共同体。与此同时，在中国有 30 多个“一带一路”沿线城市在古都开封建立了“一带一路”城市旅游联盟，该联盟旨在促进旅游发展、媒体宣传、国际交流等。为了更好地促进“一带一路”建设，该联盟还通过了《“一带一路”城市旅游联盟章程》和《“一带一路”城市旅游联盟开封宣言》。

2015 年 10 月 21 日，习近平主席出席在伦敦金融城举行的中英工商峰会，并在致辞中指出，中国将继续坚持互利共赢的对外开放战略，“一带一路”是开放的“朋友圈”，任何感兴趣的国家都可以加入。“一带

链接　亚洲基础设施投资银行

亚洲基础设施投资银行（AIIB）是一家多边开发银行，其使命是改善亚洲的社会和经济成果。亚投行的总部位于北京，于 2016 年 1 月开始运营，目前在全球已有 102 个获批准的会员。通过对亚洲及其他地区的可持续基础设施和其他生产部门进行投资，亚投行将更好地将人员、服务和市场联系起来。随着时间的流逝，这将影响数十亿人的生活并建立更美好的未来。

一路”也是多元的，涵盖各个领域和各种形式。“一带一路”也是共赢的，各国共同参与，实现共同繁荣。“一带一路”倡议来自中国，但成效惠及世界。中国人民张开双臂欢迎各国人民搭乘中国发展的“快车”“便

2019 年 11 月 22 日，以“青春东盟 · 欢乐海南”为主题的第二届中国—东盟大学生文化周在海口启动。图为泰国艺术发展学院表演舞蹈《马诺拉》。

车”。当前整个世界都在思考的问题是世界怎么了，我们怎么办。中国面对这一问题给出的应对方案是构建人类命运共同体，实现共赢共享。

（七）“一带一路”建设任重道远

2015 年是共建“一带一路”倡议积极推进年，也是“一带一路”建设取得惊人成果的一年。2015 年 6 月 6 日，中国外交部长王毅在访问匈牙利期间，在布达佩斯同匈牙利外交与对外经济部部长西亚尔托签署了《中华人民共和国政府和匈牙利政府关于共同推进丝绸之路经济带和 21 世纪海上丝绸之路建设的谅解备忘录》。这也是中国同欧洲

国家签署的第一个此类型的合作文件。这个文件的签署也表明了“一带一路”建设在欧洲迎来了一个良好开端。

2015 年 10 月 29 日，在中共十八届五中全会第二次会议上，习近平总书记提出了“创新、协调、绿色、开放、共享”的五大发展理念。他指出：“开放发展解决的是发展内外联动的问题。我们必须坚持对外开放的基本国策和互利共赢的开放战略。以扩大开放带动创新、推动改革、促进发展。‘一带一路’建设要找准突破口，以点带面、串点成线，步步为营、久久为功。”

随着“一带一路”建设的不断推进，2016 年 4 月 29 日，在中共十八届中央政治局第三十一次集体学习时，习近平总书记指，出中国提出“一带一路”建设，就是要继承和发扬丝绸之路精神，把中国的发展同沿线国家的发展结合起来。推进“一带一路”建设，要处理好中国利益和沿线国家利益的关系，政府、市场、社会的关系，经贸合作和人文交流的关系，对外开放和维护国家安全的关系，务实推进和舆论引导的关系，国家总体目标和地方具体目标的关系。

习近平指出，要将“一带一路”建成和平之路、繁荣之路、开放之路、创新之路、文明之路，推动“一带一路”建设行稳致远，迈向更加美好的未来。共商共建“一带一路”，推动区域经济繁荣，维护世界和平稳定，顺大势、应民心。我们要携手同心、精诚合作，弘扬丝路精神，早日建成利益共同体、责任共同体、命运共同体。“一带一路”倡议着眼于各国人民追求和平与发展的共同梦想，为世界提供充满东方智慧的共同繁荣发展的方案。共商共建共享是“一带一路”建设的基本原则。以和平合作、开放包容、互学互鉴、互利共赢的丝绸之路精神作为“一带一路”建设的指引；以打造命运共同体和利益共同体为合作目标，并且得到了沿线国家的广泛认同。中国将中亚地区视为共建“一带一路”的重点合作地区和重要合作伙伴，联合各方一道向前迈进。

2019 年 4 月 25 日至 27 日，第二届“一带一路”国际合作高峰论坛在北京举行。中国国家主席习近平主持圆桌峰会并发表主旨演讲时指出：“2017 年 5 月，我同在座许多领导人一起，在此举行了首届高峰论坛圆桌峰会，发表了联合公报，确立了共建‘一带一路’的目标、原则、举措，达成了多项具体成果。两年来，我们本着共商共建共享原则，全面推进政策沟通、设施联通、贸易畅通、资金融通、民心相通，为世界经济增长注入了新动力，为全球发展开辟了新空间。我们再次举行高峰论坛，就是希望同各方一道，绘制精谨细腻的‘工笔画’，让共建‘一带一路’走深走实，更好造福各国人民。”共建“一带一路”首先要坚持完善合作的理念，把支持联合国 2030 年可持续发展议程融入共建“一带一路”。其次要明确合作的重点，要继续聚焦基础设施互联互通。最后要强化合作机制，着力构建互联互通伙伴关系。“我们要共同推进建设开放型世界经济，反对保护主义，继续把共建‘一带一路’同各国发展战略、区域和国际发展议程有效对接、协同增效，通过双边合作、三方合作、多边合作等多种形式，鼓励更多国家和企业深入参与，做大共同利益的蛋糕。”“一带一路”倡议的发展一定能为构建人类命运共同体做出巨大贡献。

链接　两届“一带一路”国际合作高峰论坛成果

2017年5月 1st	29 国家的元首和政府首脑出席	1600 1600多名代表参会	279 形成5大类279项务实成果
2019年4月 2nd	38 国家的元首和政府首脑出席	6000 6000多名代表参会	283 形成6大类283项建设性成果

“一带一路”倡议自提出以来对于推动中国和沿线国家的经济发展都做出了巨大贡献，“两只翅膀”将为世界经济发展带来机遇，带领各国走向共同繁荣，推动“一带一路”建设向高质量发展转变需要各方的不懈努力。

中国开放的大门始终对世界敞开，日益走进世界舞台中心的东方大国会在开放的道路上走得更加自信、坚定、从容。

第六章

共享生活：筑实人民获得感

1942年毛泽东在延安文艺座谈会上强调:“为什么人的问题，是一个根本的问题，原则的问题。”中国共产党成立之日起就把为什么人的问题放在第一位考虑，也就明确了中国共产党是为什么人而成立，奋斗的目标是为什么人。中国共产党始终明确自己是为人民而立，因人民而生，把全心全意为人民服务作为自己的根本宗旨。习近平在中共十九大报告中指出:“为什么人的问题，是检验一个政党、一个政权性质的试金石。”对于一个政党来说，为什么人的问题也反映了党的宗旨问题。1921年中国共产党的诞生，是近现代中国历史发展的必然产物，是中国人民在救亡图存斗争中顽强求索的必然产物。从此，中国革命有了正确前进方向，中国人民有了强大精神力量。中国共产党从它诞生之日起就是各族人民利益的忠实代表，就把全心全意为人民服务当作自己的唯一宗旨。明确为什么人、靠什么人，是一切发展的前提。新中国成立以来，中国共产党始终坚持把各项发展的成果惠及中国人民。党的十八大以来，以习近平同志为核心的党中央把人民放在最高位置，大力推进共享发展，不断回应人民的心愿期盼，不断使改革发展成果更多更公平惠及全体人民，人民获得感、幸福感、安全感更加充实、更有保障、更可持续，朝着实现全体人民共同富裕不断迈进。

一、人类发展史上的经济奇迹

对于中国的发展，哈佛大学经济学教授、美国前财政部长劳伦斯·萨默斯（Law rence Summers）感慨道："在过去三百年的世界历史中……以中国为核心的亚洲崛起，其影响力位居第一。"中国人民的生活水平在不到十年的时间翻了一番，在几乎五年的时间里增长了50%。这种巨大变化发生在拥有全球五分之一人口的土地上。鉴于这种变化涉及数以亿计的民众，而且其影响可谓翻天覆地，所以的确可以将它称为"大事件"。它对于全球经济体系的影响不亚于工业革命和文艺复兴，甚至可能超过两者。

2015—2019 年国内生产总值及其增长速度

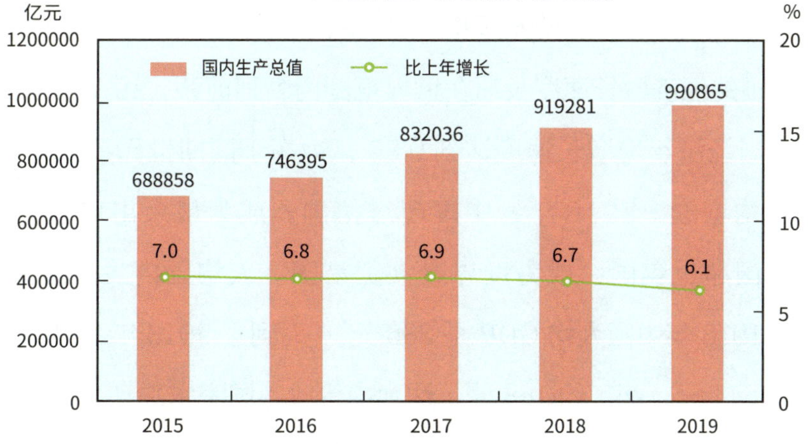

的确，新中国成立70年以来，尤其是1978开始的改革开放，开启了1600年以来中国经济的首次历史性复兴，中国经济快速发展，成为世界第二大经济体，创造了人类发展史上罕见的经济奇迹，为世界经济发展做出了巨大贡献。

（一）国民经济持续快速增长，经济总量跃居世界第二位

1952年到2018年，中国国内生产总值翻了约1326倍。新中国诞生时，中国经济基础极为薄弱。1952年中国国内生产总值仅为679亿元，人均国内生产总值为119元。经过将近30年的努力，到1978年，中国国内生产总值增加到3679亿元，占世界经济的比重为1.8%，居全球第11位。1978年12月中共十一届三中全会决定把工作重心转移到社会主义现代化建设上来，作出了实行改革开放的决策。自此，中国发生了翻天覆地的变化，特别是中共十八大以来，以习近平同志为核心的党中央高举中国特色社会主义伟大旗帜，深刻把握国内国际发展大势，团结带领全国人民为实现中华民族伟大复兴的中国梦而努力奋斗，取得了举世瞩目的伟大成就。2018年中国国内生产总值达到900309亿元，占世界经济的比重接近16%。近年来中国对世界经济增长的平均贡献率超过30%，超过美国、欧元区和日本贡献率的总和，居世界第一位。

中国的经济增长速度长期在世界范围内名列前茅，1978年至2017年，中国经济年均增长速度达到9.5%，远高于同期世界经济2.9%左右的年均增速。2010年，中国超过德国，成为最大出口国。2013年，中国超过美国，成为世界最大贸易国。人均国内生产总值不断提高，1978年中国人均GDP是385元，而到了2018年，人均GDP达到64644元，翻了约168倍，达到中等收入国家水平。

中国的财政实力持续增强，外汇储备大幅增加。1950年全国财政

收入仅为 62 亿元，1978 年增加到 1132 亿元。1978 年后由于经济的快速发展，财政收入也相应提高。1999 年全国财政收入首次突破 10000 亿元，2012 年达到 117254 亿元，十八大后财政收入继续稳定增长，2018 年达到 183352 亿元，1951—2018 年全国财政收入年均增长 12.5%。外汇储备也快速增长，20 世纪 50—70 年代，中国外汇储备紧缺，1952 年末外汇储备只有 1.08 亿美元，1978 年末也仅为 1.67 亿美元，居世界第 38 位。随着对外开放程度的持续提升，中国外汇储备稳步增加，2006 年末突破 1 万亿美元，超过日本居世界第一位。2018 年末，外汇储备余额为 30727 亿美元，连续 13 年位居世界第一。

总之，中国经济持续快速增长，虽然增长速度有所回落，但在相当长时间内，仍显著高于世界平均水平，尤其高于美国等高收入国家的增长水平。有预测称，假设美国经济以过去 20 年的趋势速度（剔除次贷危机时的两年负增长）增长，预计到 2035 年前后，中国将超过美国，成为世界第一大经济体。

云南昆明，云南石化有限公司安宁炼油厂灯火辉煌的绚丽夜景。

（二）产业结构不断优化升级，中国成为世界第一工业制造大国

新中国成立70年来，中国坚持巩固第一产业、优化升级第二产业、大力发展第三产业，经济增长由主要依靠第二产业带动转向依靠三次产业共同带动，产业结构不断优化。1952年，第一、二、三产业增加值占国内生产总值比重分别为50.5%、20.8%和28.7%；到2018年，第一、二、三产业比重分别为7.2%、40.7%和52.2%，农业、工业、服务业实现协同发展。

历史和现实都表明，工业尤其是制造业是大国之“筋骨”，只有建造起“钢筋铁骨”，大国方可屹立而不瘫软。新中国自成立以来，一直坚定不移走中国特色工业化道路。经过努力奋斗，中国成为世界第一工业制造大国，建立起门类齐全的现代工业体系。当前，中国工业产值占全球1/4，超过美国、德国、韩国工业产值的总和。70多年

武汉钢铁集团镀锌板成品车间

间的工业发展成就主要表现在三个方面：工业生产快速增长，工业增加值从 1952 年的 120 亿元增加到 2018 年的 305160 亿元，按不变价格计算增长 970.6 倍，年均增长 11.0%，制造业增加值在 2010 年首次超过美国后，连年稳居世界制造业第一大国地位。2017 年中国制造业增加值占世界份额高达 27.0%，成为驱动全球工业增长的重要引擎；工业生产能力不断提升，由新中国成立初期只能生产纱、布、火柴、肥皂、面粉等日用生活消费品到原煤、钢铁、建材、化工等能源原材料行业形成庞大的生产能力，中国钟表、自行车、缝纫机、电池、啤酒、家具、塑料加工机械等 100 多种轻工产品的产量居世界第一；建立起了门类齐全的现代工业体系，传统产业不断转型升级，新兴工业行业从无到有，目前中国是世界上唯一拥有联合国产业分类中全部工业门类的国家，一个行业齐全、具有一定技术水平的现代工业体系已经形成。

福建永安，中科动力（福建）新能源汽车有限公司生产线。

立夏日，江苏海安农场职工在田间进行小麦选种作业。

中共十八大以来，为推动建立新型工业化，中央政府努力使工业经济发展由数量规模扩张向质量效益提升转变，使中国由制造大国向制造强国大步迈进。一方面是战略性新兴产业增速加快。2015 年、2016 年和 2017 年工业战略性新兴产业增加值较上年分别增长 10.0%、10.5% 和 11.0%，增速分别高于规模以上工业 3.9、4.5 和 4.4 个百分点。另一方面是高新科技产品产量增势强劲。2017 年，中国新能源汽车产量达到 69 万辆，连续 3 年位居世界第一，中国已经成为全球最大的动力电池生产国；光伏产业链各环节生产规模全球占比均超过 50%，多晶硅、硅片、电池片、组件产量均高速增长。

除了工业竞争力达到世界水平，中国农业和服务业也取得了巨大成就。农业方面，农业基础地位更加巩固，由以粮为纲的传统农业改进为农林牧副渔业全面发展。1978 年以前，中国农业结构主要以单一的传统种植业为主，在 1952 年，农林牧渔业总产值中农业比重高达 85.9%，林、牧、渔业比重分别只有 1.6%、11.2%、1.3%，而随着农业的发展，鼓励多种经营方式，到了 2018 年，农林牧渔业总产值中农业比重下降至 54.1%，林、牧、渔业比重分别提高至 4.8%、25.3%、10.7%。

服务业成长为国民经济第一大产业。新中国成立初期到 20 世纪 70 年代，服务业发展相对缓慢。改革开放以来，服务业发展日益兴旺，1978—2017 年，中国服务业增加值从 905 亿元增长到 427032 亿元，年均实际增长 10.5%。服务业实力不断增强，交通基础设施大幅度改善，高速公路里程达 13.6 万公里，居世界第一；全国港口生产用码头万吨级及以上泊位达 2366 个，排名世界第一；电信业中电话网络规模、光纤传输网络规模均列全球第一。旅游、文化、体育、健康、养老、教育培训等传统服务业加快升级，信息产业、电子商务、租赁和商务服务业以及生态环境服务业等新兴服务业茁壮成长。

（三）对外开放跨越式发展，从封闭半封闭走向全方位开放

开放带来进步，封闭必然落后。习近平曾在外国专家座谈会上强调，任何一个民族、任何一个国家都需要学习别的民族、别的国家的优秀文明成果，中国要永远做一个学习大国，不论发展到什么水平都虚心向世界各国人民学习，以更加开放包容的姿态，加强同世界各国的互容、互鉴、互通，不断把对外开放提高到新的水平。回顾中国的对外开放历程，1980 年，深圳、珠海、汕头、厦门建立经济特区，拉开了中国对外开放的序幕，并经历了经济特区到沿海、沿江、沿边

沪昆高速贵州段，当春天花开季节，公路两旁五彩斑斓，被誉为贵州最美公路。

到内陆的历程；2001 年加入世界贸易组织；2013 年提出“一带一路”倡议；2015 年由中国倡议设立的亚洲基础设施投资银行成立，设立丝路基金，倡导构建人类命运共同体。中共十九大报告中，继续把推动形成全面开放新格局作为中国共产党长期工作的重要组成部分。

几十年来，中国始终坚信“中国经济要发展，就要敢于到世界市场的汪洋大海中去游泳”，坚持对外开放基本国策，统筹国内国际两个大局，利用国际国内两个市场、两种资源，积极参与全球经济治理，并实施了一系列对外开放举措，努力“在更大范围、更宽领域、更深层次上提高开放型经济水平”。发展成就体现在如下四个方面。

对外贸易额快速增长。1978 年到 2017 年，按人民币计价，中国货物进出口总额从 355 亿元提高到 27.8 万亿元，增长 782 倍，年均增速达 18.6%，从世界排名第 29 位到 2012 年仅次于美国，位居世界第二位。2013 年起连续三年超越美国成为全球货物贸易第一大国。2017 年，中国进出口额占全球份额的 11.5%，货物贸易重返全球第一。同时，服务进出口额也快速增长，1982 年到 2017 年，中国服务进出口总额从 46.9 亿美元增长到 6957 亿美元，增长 147 倍，年均增长 15.4%，服务出口额排名由第 28 位上升至第 5 位，进口排名由第 40 位上升至第 2 位。

进出口商品结构不断优化。货物贸易中，从改革开放初期的以初级产品为主到 2017 年工业制成品占出口比重达到 94.8%，机电产品处于全球第一大出口国地位，以电子和信息技术为代表的高新技术产品出口占比不断提高。服务贸易中，从改革开放初期以旅行、运输和建筑等传统服务为主到以技术、品牌、质量和服务为核心的新兴服务优势不断显现，保险服务、金融服务、电信计算机和信息服务、知识产权使用费、个人文化和娱乐服务等发展迅速。

浙江宁波，舟山港金塘港区大浦口集装箱码头灯火辉煌、集卡奔忙，自斯里兰卡科伦坡港驶来的“地中海艾玛”号集装箱轮正在进行 6749 标箱的卸载作业。

引进外资与对外投资同步发展。“中国的大门对世界始终是打开的，不会关上。开着门，世界能够进入中国，中国也才能走向世界。”一方面，引进外资给中国带来了资金、技术、人才以及先进的管理模式。1983 年，中国实际利用外资 22.6 亿美元，2017 年，中国实际使用外资 1363 亿美元，增长了 60 倍，年均增长 12.8%。截至 2017 年底，实有注册的外商投资企业近 54 万家。2018 年，中国发布实施新版《外商投资准入特别管理措施（负面清单）》，在金融等服务业领域大幅放宽对外资企业经营限制。另一方面，对外直接投资从无到有，不断深化。2000 年提出“走出去”战略使对外投资快速发展，截至 2017 年，中国对外直接投资额达到 1246 亿美元，是 2002 年的 46 倍，年均增长 29.1%，成为全球第三大对外投资国。对外投资结构也不断优化，行业分布从

北京，亚洲基础设施投资银行总部。

北京，第二届“一带一路”国际合作高峰论坛主题花坛。

初期主要集中在采矿业、制造业，到目前已覆盖全部国民经济行业门类，投资结构由资源获取型向技术引领和构建全球价值链转变。

形成共同发展的对外开放格局。中共十九大报告中提到，“中国人民的梦想同各国人民的梦想息息相通，实现中国梦离不开和平的国际环境和稳定的国际秩序”。虽然当今世界经济长期低迷，全球增长动能不足、经济治理滞后以及全球发展失衡，反全球化浪潮日趋高涨，但是中国坚持全球化进程是不可抗拒和不可逆转的，要适应和引导好经济全球化，坚持推动构建人类命运共同体，走和平发展道路，而且中国的对外开放不是要一家唱独角戏，而是欢迎各方共同参与，“一带一路”倡议是中国为构建人类命运共同体所搭建的重要实践平台。自

2020 年 5 月 4 日，“义新欧”中欧班列从义乌西站出发开往立陶宛首都维尔纽斯。

2013年提出“一带一路”倡议以来，中国秉持共商共建共享原则，努力实现与他国政策沟通、设施联通、贸易畅通、资金融通、民心相通，共建伙伴从亚欧大陆延伸到非洲、美洲、大洋洲。“一带一路”倡议为国际贸易和投资搭建了新平台，为促进沿线国家发展做出了重大贡献。2013—2018年，中国与沿线国家货物贸易进出口总额超过6万亿美元，对“一带一路”沿线国家投资超过800亿美元，在沿线国家建立了82个经贸合作区，创造了近30万个工作岗位，世界银行研究组分析了共建“一带一路”倡议对71个潜在参与国的贸易影响，发现共建“一带一路”倡议将使参与国之间的贸易往来增加4.1%。“一带一路”倡议还得到了联合国的支持，2017年3月，联合国安理会一致通过了第2344号决议，呼吁国际社会通过“一带一路”建设加强区域经济合作，并首次载入“人类命运共同体”理念。与此同时，在秉承共建原则的基础上，由中国发起成立的亚洲基础设施投资银行，助力共建“一带一路”。截至2020年底，亚洲基础设施投资银行已从最初57个创始成员，发展到遍布各大洲的103个成员，累计批准投资额达220.2亿美元。

（四）人民生活极大改善，从温饱不足到迈向全面小康

1. 就业规模不断扩大

就业是最大的民生。改革开放以来，中央政府高度重视就业工作，并取得了一系列成就。2019年，中国政府工作报告中提出就业优先政策要全面发力，首次将就业优先政策置于宏观政策层面。就业机会的增多使人们获得了稳定的收入，增强经济方面的安全感。就业总量持续增长，1978年，中国城乡就业人员共计40152万人，2018年末全国就业人员77586万人，比1978年增加37434万人，增长了约93%。

关于城镇就业人口，1978 年有 9514 万人，2018 年末达到 43419 万人，比 1978 年增加了 33905 万人，增长了约 356%。

此外，改革开放后兴起的就业领域的新生事物进城务工人员，即农民工，截至 2018 年，达到 28836 万人。对于农民工工资拖欠问题，国务院办公厅发布《关于全面治理拖欠农民工工资问题的意见》，提出到 2020 年，形成制度完备、责任落实、监管有力的治理格局，使拖欠农民工工资问题得到根本遏制，努力实现基本无拖欠的目标。这一举措有助于切实保障农民工的利益，那首耳熟能详的歌曲《有钱没钱回家过年》如若变成《有钱回家过个好年》，农民工将获得实实在在的安全感和幸福感。

2. 城乡居民收入显著提高

2013 年 2 月《关于深化收入分配制度改革的若干意见》发布以来，中国收入分配领域的改革持续推进，包括各地最低工资指导制度，加大新劳动合同法的实施力度，出台机关事业单位养老保险制度改革办法，规范国有企业薪酬制度，健全社会保障体系等，努力完善分配制度居民收入快速增长。2012 年，城镇居民人均可支配收入 24565 元，比 1978 年增长 71 倍，年均增长 13.4%，扣除价格因素，年均增长 7.4%；农村居民人均纯收入 7917 元，增长 58 倍，年均增长 12.8%，扣除价格因素，年均增长 7.5%。

3. 居民生活水平和质量大幅改善

习近平在庆祝改革开放 40 周年大会上的讲中话指出，改革开放 40 年来，粮票、布票、肉票、鱼票、油票、豆腐票、副食本等百姓生活曾经离不开的票证已经进入了历史博物馆，忍饥挨饿、缺吃少穿、生活困顿这些几千年来困扰中国人民的问题总体上一去不复返了。1978 年以来，中国农业政策由分田到户到家庭联产承包责任制，农产品供

2015—2019 年全国居民人均可支配收入及其增长速度

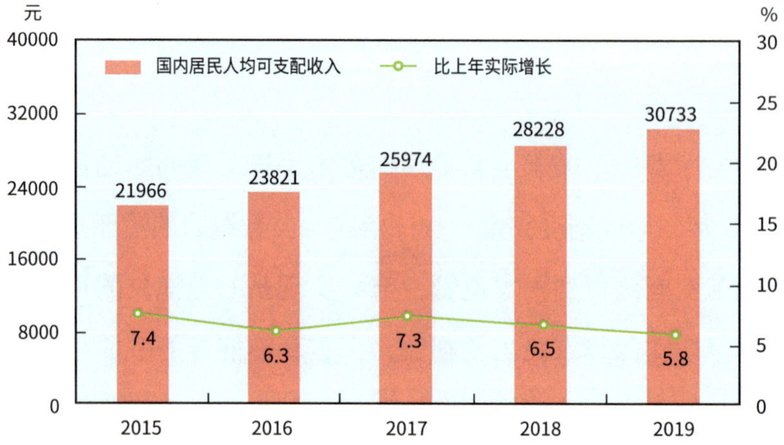

2019 年全国居民人均消费支出及其构成

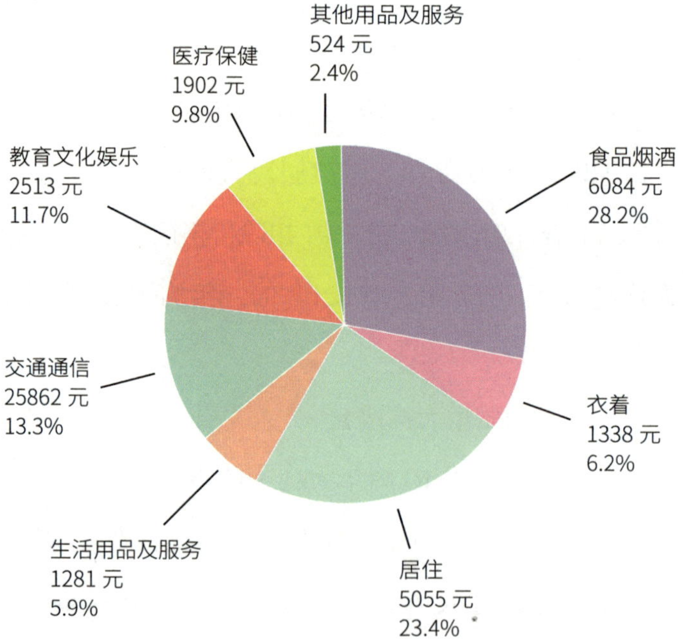

给能力大大提高，并跃升到世界前列。粮食总产量由 1978 年的 30477 万吨增加到 2018 年的 65789 万吨，增长了 116%，农林牧渔业总产值由 1978 年的 1397 亿元增加到 2018 年的 113579.53 亿元，增长了 81.3 倍。而且，农业机械化程度不断提高，农业机械总动力由 1978 年的 11749.90 万千瓦提高至 2018 年的 10 亿千瓦，全国耕地灌溉面积由 1978 年的 4497 万公顷扩大到 2018 年的 6810 万公顷，有力解决了人民的温饱问题。

不仅温饱问题已成为过去式，中国居民的膳食结构也不断改善，口粮消费逐渐减少，肉类蛋白、水产品及食用植物油等消费逐渐增加，营养水平不断提高。从 1979 年到 2018 年，中国动物性食物总产量显著提高，肉类产量增长了 8.1 倍，禽蛋类增长了 2.9 倍，水产品增长了 15 倍。消费领域也不断拓展，物质生活极大丰富。彩电、电冰箱、空调、电话等耐用消费品逐步普及，汽车、电脑等高档耐用消费品拥有量大幅提高。到 2012 年，全国城市居民家庭恩格尔系数已降低到 36.2%，农村居民家庭恩格尔系数已降低到 39.3%，人们的生活质量显著改善。

4. 社会文化中心使人获得归属感

人是社会动物，在具有一套共同接受的价值观的社区中，居民进行日常生活交流，并且从中获得身份认可，进而拥有安全感。从社会学意义上，社区中心可被归为美国社会学家欧登伯格（Ray Oldenburg）所称的“第三空间”（指图书馆、博物馆、公园、咖啡厅、酒吧等）。这些非正式的公共空间不同于人们的家庭（第一空间）和工作场所（第二空间），对公共参与和社区归属发挥着重要功能。除了工作和家庭生活，社区可以实现人们更加多样化的需求。

在中国，2007 年中共中央办公厅、国务院办公厅发布《关于加强

天津，被誉为“最美图书馆”的天津滨海新区图书馆每天都吸引众多市民、游客前来参观体验。

合肥市滨湖新区里，滨湖世纪社区图书室成为居民的休闲好去处。

公共文化服务体系建设的若干意见》中，首次提及“社区文化中心”，并要求把社区文化中心建设纳入城市规划中，之后的政府文件也进一步完善相关政策。目前，中国各地区社区文化中心处于不同发展阶段，2010 年底，苏州市初步建有街道（社区）文化中心 136 个，社区居委会文化活动室 1113 个；2014 年石家庄市、区（管委会）两级对现有 51 个街道办事处社区文化活动中心进行提档升级；深圳市在“十二五”期间，以 1—2 万人（居民）为规划范围设立社区服务中心，共建立社区服务中心 668 家；2016 年 9 月，广州市以街道为服务半径所设立的家庭综合服务中心已达 188 个；上海是社区文化中心建设走在全国前面的地区，截至 2015 年底，上海市已建成标准化的街道（乡镇）社区文化活动中心 226 个，覆盖 2014 年底前设立的 209 个街道乡镇，包括地处江苏、安徽等省的 5 个上海域外农场大型社区。

社区内的个体和整个社区是相互依存、相互交织的，社区有保护成员安全的职能，而且人也会受到社会文化的教育，日益成熟的社区文化中心是人们形成社区认同感、归属感、安全感的重要精神力量。

二、人类反贫困史上的辉煌篇章

2000 年 9 月，世界上 189 个国家在联合国峰会上达成《千年发展宣言》，确立了 8 个千年发展目标，其中一个是消除贫困。改革开放以来，在中国共产党的带领下，中国反贫困工作取得了辉煌成就。习近平在 2018 年 12 月 18 日庆祝改革开放 40 周年大会上的讲话指出，中国贫困人口累计减少 7.4 亿人，贫困发生率下降 94.4 个百分点，谱写了人类反贫困史上的辉煌篇章。中国也是首个实现联合国减贫目标的发展中国家，对全球减贫贡献超过 70%。

贫困指的是一定历史时期一定社会经济、社会、文化贫穷落后现象的综合性概括，但这里的贫困是指贫困基本的、首要的内容，即经济的贫困，也就是物质生活贫困，表现为一个人或一个家庭的生活水平低于一定时期社会可接受的最低标准。脱贫，就是在一定的时间、空间和社会发展阶段的条件下，让贫困人口的收入达到维持基本生存和温饱所必需消费物品与服务的基本水平。中国改革开放以来的反贫困历程，可以划分为五个阶段，即 1978—1985 年的体制改革推动扶贫阶段，1986—1993 年的开发式扶贫阶段，1994—2000 年的扶贫攻坚阶段，2011—2010 年的综合扶贫阶段，2011—2020 年的新时期扶贫开发与精准扶贫阶段。

（一）体制改革推动扶贫阶段（1978—1985年）

1978年，农村地区的贫困问题十分严峻，农村人口总数是79014万人，按照当时100元/人的贫困标准，贫困人口为2.5亿人，占农村总人口的30.7%。究其原因，主要是农村经济体制僵化，即落后的生产关系不适应生产力的发展，进而限制了农民的生产积极性。因此，为了从根本上解决广大农民的生存问题，中国对农村经济体制进行改革，通过解放生产力、发展生产来减缓贫困，重点关注“老、少、边、穷”地区的贫困问题。

农村原有的是人民公社集体经营制度，该体制片面拔高了生产资料所有制，与当时的生产力水平不符。1979年，国家开始推行家庭联产承包责任制，保证国家的，留足集体的，剩下都是自己的。该体制采取集体统一经营和家庭分散经营结合起来的方式，土地是国家所有，但农民获得了土地经营的自主权，分配方式也不再是过去的平均主义，克服了人民公社“搭便车”现象。集体经营可以从组织协调上来弥补农户经营规模小的不足，构成了“统分结合的双层经营体制”。

除此之外，中国还采取了多项改革措施，建立起以市场化为取向的农产品交易制度，提高农副产品的收购价格，改革农产品购销和流通体制；鼓励发展乡镇企业，促进农村第二、三产业的发展，也为农村提供了就业机会。1980年，中央财政设立“支援经济不发达地区发展资金”，支援经济不发达的革命老根据地、少数民族地区、边远地区以及穷困地区；1983年组织实施“三西”（定西地区、甘肃河西地区、宁夏西海固地区）地区扶贫开发计划；1984年《关于帮助贫困地区尽快改变面貌的通知》提出帮助山区、少数民族聚居地区和革命老区根据地、边远地区的人民首先摆脱贫困；1984年设立以工代赈资金，帮助贫困地区加快基础设施建设。

这些综合性措施大大改善了农村的贫困状况，家庭联产承包责任制通过提高农民的积极性，粮食产量大大提高，从1978年的30476.5万吨增加到1985年的37910.8万吨，解决了农民最基本的温饱问题。同时国家扶持提高粮食价格，也增加了农民收入。国家的扶贫政策重点关注“老、少、边、穷”地区，设立扶贫资金，更直接地促进了这些地区的反贫进程。经过一系列努力，1978—1985年，中国农业出现了持续的高增长率，农民人均纯收入的年增长率高达16.5%，农村贫困人口也迅速从1978年的2.5亿人减少到1985年的1.25亿人，贫困发生率则从1978年农村改革初期的30.7%下降到1985年的14.8%。

（二）大规模开发式扶贫阶段（1986—1993年）

经过前一阶段农村体制改革和国家专项资金的支持，农村经济发展较快，但由于各个农村地区的经济、社会、自然、地理、历史等方面存在差异，一部分地区得到较快发展，而少数地区由于自身的资源和区位限制发展相对滞后，脱贫不平衡现象凸显。在此背景下，中国由传统的体制改革推动扶贫转向开发式扶贫。1987年，中国发布《关于加强贫困地区经济开发工作的通知》，正式确定了以促进区域增长为主要目标的扶贫开发战略，主要体现在以下三个方面。

首先是成立专门的扶贫工作机构。1986年，成立国务院贫困地区经济开发领导小组（1993年改称国务院扶贫开发领导小组）及其办公室，专门负责研究扶贫开发政策和拟定扶贫规划，指导全面工作，督促检查落实，协调部门关系，总结交流经验。在国务院贫困地区经济开发领导小组的带领下，确定扶持标准，确立重点贫困县，增加对贫困地区的资金投入，反贫困工作进入了新的阶段。

其次是加大专项资金扶持力度。除了继续执行前期的各项资金扶持政策，在“八七”扶贫攻坚阶段，国家又增设了“新增财政扶贫资金”，同时将以工代赈资金原有财政部和中国人民银行按比例承担改由中央财政专项拨款，并扩大了资金规模。1985—1993年，中央财政累计安排扶贫资金201.27亿元，年均增长16.91%。

最后是实行以贫困县为主的区域瞄准机制。1986—1989年间对18个集中连片的贫困人口重点区域划出331个国家重点扶持贫困县，由国家投入资金，实行“开发式扶贫”。“八五”计划期间又新增236个，使国家实施重点扶贫的贫困县达到567个。扶持资金可以集中对准国家设定的重点贫困县，有利于提高扶贫效率。除此之外，在扶持重点贫困地区的过程中，还提出了“对口帮扶”的措施，主要内容是利用经济发达地区技术、人才、管理、市场信息以及资金、物资等方面的优势，帮助贫困落后地区进行开发性的生产建设，富县帮穷县，富乡帮穷乡，富村帮穷村，富户帮穷户，先进企业帮落后企业。这有利于贫困地区将本地区资源优势转变成巨大经济效力。

经过8年的努力，国家重点扶持贫困县农民人均纯收入从1986年的206元增加到1993年的483.7元，农村贫困人口由1.25亿人减少到8000万人，平均每年减少640万人，年均递减6.2%，贫困发生率从14.8%下降到8.7%。

（三）扶贫攻坚阶段（1994—2000年）

进入1994年，8000万贫困人口的脱贫工作继续进行着，同时贫困人口分布呈现明显的地缘性特征，由于先天的自然条件差以及基础设施落后，贫困发生率向中西部倾斜，贫困人口集中分布在西南大石山区（缺土）、西北黄土高原区（严重缺水）、秦巴贫困山区（土地落差大、耕地少、交通状况恶劣、水土流失严重）以及青藏高寒区（积温严重不足）。为解决这几类地区的贫困问题，1994 年 3 月，国务院公布《国家八七扶贫攻坚计划》，中国的扶贫工作进入攻坚阶段。为实现“八七”目标，中国实行了以下措施。

一是中央政府重新调整贫困县的标准。具体标准是，以县为单位，凡是 1992 年年人均纯收入低于 400 元的县全部纳入国定贫困县扶持范围，凡是 1992 年年人均纯收入高于 700 元的原国定贫困县，一律退出国家扶持范围。调整后，国定贫困县达到 592 个，国家扩大贫困对象并继续对这些地区进行扶贫工作。

二是展开行业扶贫工作。农业部、教育部、科技部、交通部、水利部、国土资源部、商务部、林业局、环保总局和统计局等部委在农田水利、道路交通等基础设施建设以及教育、科技、文化、卫生等多个方面展开各种类型的行业扶贫工作，出台了以工代赈、贴息贷款、财政发展资金、科技扶贫、社会扶贫等多项开发式扶贫政策。

三是建立东西扶贫协作机制。1996 年，中共中央国务院印发《关于尽快解决农村贫困人口温饱问题的决定》，东西扶贫协作工作正式启动。据统计，1996—1999 年东部发达省市为西部贫困省区无偿捐赠资金和物资达 16.4 亿元，签订东西协作项目 4146 项，协议投资 206 亿元。以 1999 年为例，在基础设施方面，帮扶单位新建农田面积 49 万亩，增长了 31.8%，人畜饮水分别增长了 121% 和 220%，新修公路 1659 公里；在劳务输出方面，1999 年底，西部贫困地区到东部发达地区务工人数接近 43 万人，比 1998 年增长了 18 万人；东部省市还注重对西部贫苦地区的教育投入，帮助储备人才资源 7 万多人，希望学校达到 1400 多所。

7 年之后，“八七”扶贫攻坚目标基本实现。全国 592 个国家重点扶持的贫困县的农民人均纯收入由1995年的824元提高到1999年的1347元，农村绝对贫困人口从1994年的8000万人，减少到2000年的2600万人，贫困发生率下降到3.5%，国家重点扶持贫困县的贫困人口从1994年的5858万人减少到2000年的1710万人。2000年底，中国已基本解决了农村贫困人口的温饱问题，特别是一些集中连片的重点贫困地区从整体上解决了温饱问题，主要指沂蒙山区、井冈山区、大别山区、闽西南地区等革命老区群众和甘肃定西地区和宁夏的西海固地区。

（四）综合扶贫阶段（2001—2010年）

在这一阶段，除了巩固已取得的扶贫成就，中国继续对贫困人口问题进行综合性解决，以《中国农村扶贫开发纲要（2001—2010年）》的颁布为标志，中国扶贫开发进入了新的时期。国家在这一阶段，调整扶贫思路，将解决贫困人口的温饱问题与发展问题并举实施。

一方面，将以贫困县为主的区域瞄准机制改进为扶贫资源村级瞄准机制。到2000年底，绝对贫困人口总体呈分散化趋势，但主要集中在中西部的少数民族地区、革命老区、边疆地区和特困地区的贫困乡村，为了更好地瞄准贫困人口，开始实施扶贫资源村级瞄准机制，最终在全国共确定了14.8万个重点村，覆盖了全国76%的贫困人口。以村为单位，国家围绕农民生活生产的需求制定实施项目，主要有种植业、养殖业、人畜饮水工程、新建及改扩建公路、技术培训、村小学设施、卫生室及设施，整村推进的资金来源主要包括以工代赈资金、财政发展资金、各相关行业发展资金和少量的专项扶贫贷款。

另一方面，劳动力转移培训、产业扶贫以及社会扶贫三种形式共同助力反贫困进程。2004年8月，国务院扶贫办出台《关于加强贫困

江西吉安，滩涂光伏助力老区脱贫。

地区劳动力转移培训工作的通知》，开始实施“雨露计划”，对贫困家庭劳动力开展务工技能和农业实用技术培训。到2010年，培训贫困家庭劳动力超过400万人次，其中80%以上实现转移就业。从2010年开始，国家以促进就业为导向，开展了对贫困家庭的初高中毕业生参加职业教育给予直接补助的工作试点。产业扶贫的内容包括：确立主导产业，建立生产基地；提供优惠政策，扶持龙头企业；探讨运行机制，实现农户和企业双赢等，马铃薯产业成为农民脱贫致富的特色优势产业。动员社会各界参与农村贫困开发，继续前一阶段的东西扶贫协作，发达地区以农产品为原料的劳动密集型企业向贫困地区转移，同时增加了国有企业、部队、重点高校、科研院所参与扶贫开发的多种有效方式，还探索了非政府组织参与政府扶贫项目的新机制。

在江西吉安市峡江县水边镇产业扶贫基地，采茶女在展示采摘的春茶。

经过这一时期的减贫工作，成效明显。中央根据经济社会发展水平的提高和物价指数的变化，将全国农村扶贫标准从2000年的865元逐步提高到2010年的1274元，以此标准衡量的农村贫困人口数量从2000年底的9422万人减少到2010年底的2688万人，农村贫困人口占农村人口的比重从2000年的10.2%下降到2010年的2.8%。农民人均纯收入从2001年的1276元人民币，增加到2010年的3273元人民币，年均增长11%（未扣除物价因素）。在改善人民生活方面，2002年到2010年，592个国家扶贫开发工作重点县新增基本农田5245.6万亩，新建及改扩建公路里程95.2万公里，新增教育卫生用房3506.1万平方米，解决了5675.7万人、4999.3万头大牲畜的饮水困难。

（五）新时期扶贫开发与精准扶贫阶段（2011—2020 年）

为实现到 2020 年全面建成小康社会的奋斗目标，2010 年国务院颁布《中国农村扶贫开发纲要（2011—2020 年）》，坚持扶贫开发与农村最低生活保障制度相衔接，将专项扶贫、行业扶贫与社会扶贫三种扶贫形式结合起来。2013 年，习近平提出“精准扶贫”，他指出，扶贫开发贵在精准，重在精准，成败之举在于精准。针对精准扶贫的四个核心问题，即“扶持谁，谁来扶，怎么扶，如何退”，国家都作出了回答并采取了相应措施。

“扶持谁”即扶持对象必须精准。2014 年 5 月，国务院扶贫办等中央部门联合印发关于建档立卡等文件，2014 年 4 月—10 月，共识别 12.8 万个贫困村，8962 万贫困人口，建立起全国扶贫开发信息系统，2015 年 8 月至 2016 年 6 月，补录贫困人口 807 万人，剔除识别不准人口 929 万人。

“谁来扶”就是要解决责任主体。截至 2016 年末，全国共选派 77.5 万名干部驻村帮扶、19.5 万名优秀干部到贫困村和基层组织薄弱涣散村担任第一书记。同时，继续深化东西扶贫协作机制，东部 267 个经济较强县（市、区）结对帮扶西部 406 个贫困县。

2015—2019 年末全国农村贫困人口和贫困发生率

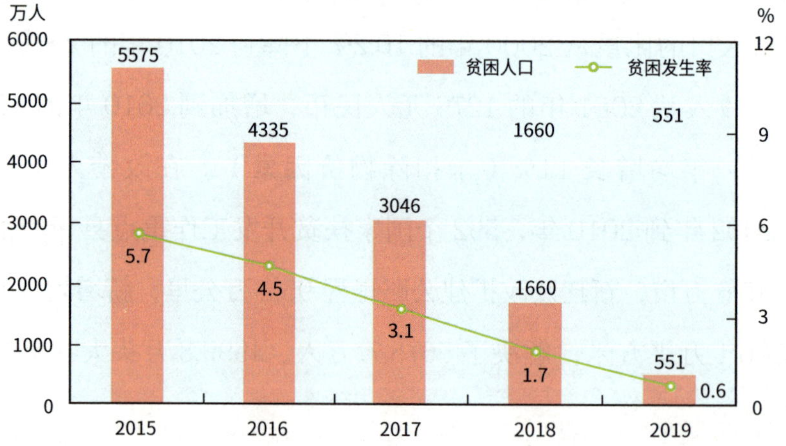

“怎么扶”问题是至关重要的。2015 年 11 月，《中共中央国务院关于打赢脱贫攻坚战的决定》印发，“五个”一批工程被写入其中，即发展生产脱贫一批、易地搬迁脱贫一批、生态补偿脱贫一批、发展教育脱贫一批、社会保障兜底一批。以重庆市为例，截至 2018 年，产业方面，重庆市累计建成乡村旅游扶贫村 201 个，培育市级以上龙头企业 422 家，发展农民专业合作社 6935 个，覆盖带动贫困人口 65 万人；易地扶贫完成贫困人口搬迁安置 8 万人；此外，落实低保标准与扶贫标准“两线合一”，将农村居民低保标准提高至每人 3600 元 / 年。

“如何退”是指设定时间表，有序退出。2016 年 4 月，中共中央办公厅、国务院办公厅印发《关于建立贫困退出的意见》，对贫困户、贫困村以及贫困县退出的标准、程序和要求作出细致规定，使贫困人口退出有制度保障。

经过不懈努力，2019 年末，按照 2300 元（2010 年不变价）的扶贫标准，中国贫困人口减少至 551 人，贫困发生率降低到 0.6%。

江苏扬州，高邮市送桥镇一处麻鸭养殖基地，农民通过网络直播销售麻鸭。

三、世界上规模最大的社会保障体系

社会保障制度是一个国家或社区为改善和提高成员的物质和精神生活水平而提供的社会服务及其措施，是社会文明和进步的重要标志。新中国成立以来，特别是改革开放以来，中国社会保障事业经历了从低层次到制度不断完善，建成了包括养老、医疗、低保、住房在内的世界最大的社会保障体系，该体系以社会救助、社会保险、社会福利为基础，以基本养老、基本医疗、最低生活保障制度为重点，以慈善事业、商业保险为补充。

（一）社会保障制度发展历程

1. 新中国成立后的制度探索时期（1949—1978 年）

新中国成立后，中国借鉴苏联的模式，建立了自己的社会保障制度。在当时采取农村支援城市、农业支援工业政策的背景下，社会保障采取城乡分离，1951 年 2 月 26 日政务院颁布了《中华人民共和国劳动保险条例》，对 50 人以上规模企业的职工提供养老、医疗、生育、工伤、遗属等方面的保障，这一条例标志着我国城市养老保险、工伤、生育等制度的初步建立。

养老保险制度的建立从三者分立到实现统一。1955 年，颁布实施

《国家机关工作人员退休处理暂行办法》和《国家机关工作人员退职处理暂行办法》，标志着机关和事业单位养老保险制度的建立，至此，企业、机关、事业养老保险制度均建立起来。1958年，国务院颁布《关于工人、职员退休处理的暂行规定》，这一规定使企业、事业、机关养老保险合三为一，统一的城镇养老保险制度建立起来。

这一时期也建立了医疗保险制度。在城镇，主要是机关、事业人员适用于公费医疗保险制度，企业职工适用于劳保医疗制度；在农村，"合作医疗"、农村"保健站"和"赤脚医生"成为特定历史条件下解决农村地区缺医少药问题的"三件法宝"，共同建立起了农村合作医疗保险制度。

职工退休制度也得以建立。1955年国务院连续颁发了《国家机关工作人员退休处理暂行办法》《国家机关工作人员退职处理暂行办法》《国家机关工作人员病假期间生活待遇试行办法》《国务院国家机关工作人员退职、退休时计算工作年限的暂行规定》等规范性文件；1958年，全国人大常委会原则批准《关于工人、职员退职处理的暂行规定（草案）》；同年，劳动部发布了《关于工人、职员退休处理的暂行规定实施细则》。这些文件都标志着中国退休制度的初步建立。

在农村，1956年发布了《1956年到1967年全国农业发展纲要》和《高级农业生产合作社示范章程》。《1956年到1967年全国农业发展纲要》中提到要保护妇女儿童，卫生部门应当为农村训练助产员，积极推广新法接生，保护产妇和婴儿，降低产妇的染病率和婴儿的死亡率；还对农村合作社内缺乏劳动力、生活没有依靠的鳏寡孤独的社员，生产组应给予适当安排，使他们能够参加力能胜任的劳动，在生活上给予适当的照顾，做到保吃、保穿、保烧（燃料）、保教（儿童和少年）、保葬，使他们的生养死葬都有指靠。在《高级农业生产合作社示范章程》中，也明确规定对老、弱、孤、寡、残疾的社员采取农村五保供养制度。

2. 新型社会保障制度建立时期 (1978—1997 年)

1978 年第五届全国人大一次会议通过第一部《中华人民共和国宪法修正案》。在这部宪法中，中国开始从劳动者生活保障的养老、医疗、失业等多个方面思考人力资源的再生产问题，为国家设置了保障劳动者基本生活的义务，也为之后社会保障制度的发展奠定了基础。1978 年 5 月国家恢复设置民政部，1980 年重新设置保险制度。

1978 年，国务院颁发《关于安置老弱病残干部的暂行办法》和《关于工人退休、退职的暂行办法》，恢复退休退职制度。1980 年 10 月，国务院发布《关于老干部离职休养的暂行规定》，在此规定指导下，建立了离休制度。

为实行经济体制改革，国家开始推行劳动合同制，与此相对应的社会保障制度也改革成养老费用社会统筹制度。1982 年，劳动人事部下发《关于积极试行劳动合同制的通知》，开始打破“终身铁饭碗、子承父业”的用工制度。1986 年，国家“七五”计划中首次提出社会保障概念，7 月 12 日，国务院常务会议审议通过并发布实施了《国营企业实行劳动合同制暂行规定》，明确提出国营企业要用劳动合同制取代计划经济时代的“铁饭碗”，合同制工人的退休养老实行社会统筹。1991 年，国务院颁布《关于企业职工基本养老保险制度改革的决定》，提出逐步建立起基本养老保险、企业补充养老保险和职工个人储蓄性养老保险相结合的制度，实行国家、企业、个人三方共同负担，养老费用社会统筹的制度开始实施。

这一时期，中国还将失业问题纳入社会保险中。1986 年国务院颁布的《国营企业职工待业保险暂行规定》，对失业工人的生活保障作了规定。1993 年国务院颁布《国有企业职工待业保险规定》，对 1986 年的暂行规定作了局部调整，主要包括扩大覆盖范围、调整统筹层次、提高缴费标准以及改变计发办法等。

3. 快速发展期（1997—2012 年）

为建立多层次的社会保障体系，1997 年后，逐步建立起统一的基本制度，国务院相继颁布了《关于建立统一的企业职工基本养老保险制度的决定》（1997）、《关于建立城镇职工基本医疗保险制度的决定》（1998）、《失业保险条例》（1999）、《城市居民最低生活保障条例》（1999），中国城镇职工基本养老保险制度、城镇职工基本医疗保险制度、失业保险制度和城镇居民最低生活保障制度等现代社会保障制度陆续建立。除此之外，2007 年后开始建立城镇居民基本医疗保险制度以及城镇居民养老保险制度。

同时，完善工伤和生育保险制度。2003 年国务院颁布《工伤保险条例》，标志着中国工伤保险进入法制化轨道，充分保障了工伤职工的基本权益；对于生育保险，主要下发了《关于妥善解决城镇职工计划生育手术费用问题的通知》《关于生育津贴和生育医疗费有关个人所得税政策的通知》《关于在国家社会发展综合实验区全面建立生育保险制度的通知》等政策文件，对规范城镇职工生育保险进行了总的政策说明与指导。

这一时期，农村成为社会保障工作的重中之重。2003 年国务院出台《关于建立新型农村合作医疗制度的意见》，开始进行新型农村合作医疗制度试点，到 2007 年，新农合基本覆盖了 90% 以上的农村居民。

2007 年起，中国在农村全面建立了农村居民最低生活保障制度。2009 年，提出建立新型农村居民养老保险制度。

4. 巩固提高期（中共十八大至今）

中共十八大报告提出全面建成覆盖全民、城乡统筹、权责清晰、保障适度、可持续的多层次社会保障体系。中共十九大报告提出民生“七有”目标，即幼有所育、学有所教、劳有所得、病有所医、老有所养、住有所居、弱有所扶。在两份文件的指导下，中国社会保障制度的发展进入巩固提高期。

首先是积极构建综合救助体系。为加强社会救助，保障公民的基本生活，在中共十八大召开前，国务院印发《关于进一步加强和改进最低生活保障工作的意见》，对最低生活保障的对象认定条件、审核审批程序、救助家庭经济状况核对机制、最低生活保障工作监管机制以及投诉举报核查制度等政策措施进行明确说明，而且还要求最低生活保障制度与其他救助制度有效衔接，包括医疗救助、教育救助、住房保障、临时救助制度等；同时，大力倡导慈善事业与社会救助的有效衔接。2014 年国务院颁布《社会救助暂行办法》，构建了包括最低生活保障制度、特困人员供养、受灾人员救助、医疗救助、教育救助、住房救助、就业救助、临时救助等在内的综合救助体系，社会救助工作进入制度定型和规范发展的新阶段。2016 年，国务院办公厅转发民政部等部门《关于做好农村最低生活保障制度与扶贫开发政策衔接的指导意见》，规定农村低保标准低于国家扶贫标准的地方，要按照国际扶贫标准确定农村低保的最低指导标准。2017 年，民政部等六部门印发了《关于进一步加强医疗救助与城乡居民大病保险有效衔接的通知》，加强医疗救助与城乡居民大病保险这两项制度在对象范围、支付政策、经办服务、监督管理等方面的衔接，充分发挥制度效能。

其次是继续巩固社会保险制度。2014 年，国务院发布《关于建立统一的城乡居民基本养老保险制度的意见》，将新农保和城居保两项制度合并实施，在全国范围内建立统一的城乡居民基本养老保险制度。2016 年，国务院印发了《国务院关于整合城乡居民基本医疗保险制度的意见》，整合城镇居民基本医疗保险和新型农村合作医疗两项制度，建立统一的城乡居民基本医疗保险制度。2017 年，人力资源和社会保障部颁发《企业年金办法》，通过鼓励企业建立企业年金办法，来补充养老保险制度，更好地保障职工退休后的生活。关于失业保险，2013 年，失业保险司印发《2013 年失业保险工作要点》，围绕增强失业保险对促进就业的作用，建立健全失业保险预防失业、促进就业政策体系，并修订失业保险条例。2014 年，人力资源社会保障部、财政部、国家发展和改革委员会、工业和信息化部联合发布《关于失业保险支持企业稳定岗位有关问题的通知》，对采取有效措施不裁员、少裁员，稳定就业岗位的企业，由失业保险基金给予稳定岗位补贴，这有助于激励企业承担稳定就业的社会责任。

最后是建立健全中国特色社会福利制度。随着社会主要矛盾的转化，新时代中国特色社会福利制度将从解决基本民生保障问题向满足人民群众不断增长的美好生活需要转型。2015 年，中国残联、中组部、中宣部、国家发展改革委、国务院扶贫办等 26 个部门和单位共同制定了《贫困残疾人脱贫攻坚行动计划（2016—2020 年）》，从国家层面上规划残疾人扶贫开发工作。2019 年，民政部发布了《关于进一步健全农村留守儿童和困境儿童关爱服务体系的意见》，对提高未成年人救助保护机构和儿童福利机构服务能力、加强基层儿童工作队伍建设等提出要求。同年，民政部还颁发了《关于进一步加强事实无人抚养儿童保障工作的意见》，对事实无人抚养儿童发放基本生活补贴，加强医疗康复保障，并且完善教育资助救助，督促落实监护责任和优化关爱服务机制。

（二）社会保障成就总结

新中国成立以来，经过不懈努力，中国整体上实现了从计划经济时代的传统社会保障体系向适应市场经济与社会发展需要的新型社会保障体系的转型，从过去的国家负责、单位（或集体）包办、板块结构、单一层次、封闭运行走向了政府主导、责任分担、社会化、多层次化，建成了世界上最大的社会保障体系所取得的成绩。“大”主要体现在以下几个方面。

一是建立了有法律保护的多层次的社会保障体系。目前中国的社会保障体系覆盖养老、医疗、失业、生育等社会保险、最低生活保障为基础的社会救助制度以及社会福利制度等，基本涵盖现代社会保障制度要求的所有项目。并且已形成以宪法为根本大法，以《社会保险法》等法律，《工伤保险条例》《失业保险条例》等国务院法规加上地方性法规、国务院部门规章、地方政府规章为一体，以《中华人民共和国妇女权益保障法》《中华人民共和国老年人权益保障法》《中华人民共和国残疾人保障法》《中华人民共和国未成年人保护法》《中华人民共和国公益事业捐赠法》等与社会保障直接相关的一批法律为补充的较为完备、系统的社会保障法律体系。

二是覆盖人数多。社会保险方面，截至 2018 年末，基本养老保险覆盖超过 9.4 亿人，医疗保险覆盖超过 13 亿人，基本实现全民医保。

其中年末全国参加城镇职工基本养老保险人数为 41902 万人，比 1989 年末增加 36192 万人，全国 60 岁以上享受城乡居民基本养老保险待遇的贫困老人 2195 万人，实际享受代缴保费的贫困人员 2741 万人，城乡居民基本养老保险使 4936 万贫困人员直接受益；参加失业保险人数 19643 万人，比 1994 年末增加 11675 万人；参加工伤保险人数 23874 万人，比 1994 年末增加 22052 万人；优抚安置方面，截至 2017 年末，国家抚恤、补助各类重点优抚对象 857.7 万人，使军人、军属免除后顾之忧。

2015—2019 年中国城乡居民社会养老保险参保人数（万人）

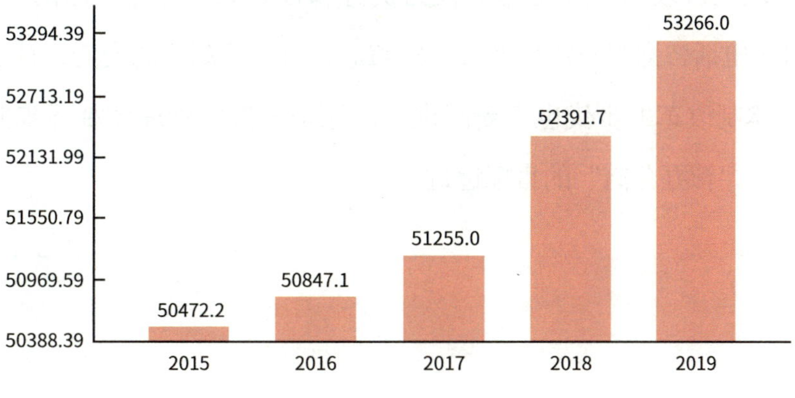

三是待遇高。社会保险方面，2016 年底全国企业退休人员月人均基本养老金为 2362 元，城乡居民月人均养老金达到 117 元，2016 年职工医疗保险和居民医疗保险政策范围内住院费用基金支付比例分别达到 80% 和 70% 左右，2016 年各级财政对城镇居民基本医疗保险的补助是 420 元。社会救助方面，全国城市和农村低保平均标准达到 540.6 元 / 人・月和 4300.7 元 / 人・年。截至 2017 年底，全国 31 个省区市及新疆生产建设兵团均出台了困难群体参加城乡居民医疗保险个人缴费补助政策，贫困人口基本纳入基本医保和大病保险。

四是基金规模大。1993 年，各项社会保险基金收支总额 880 亿元，累计结存约 288 亿元。2017 年底，各项社会保险基金收支总额已超过 12.4 万亿元，基金累计结存达 7.73 万亿元，支付能力显著增强。同时，2018 年末，全国有 8.74 万户企业建立了企业年金，参加职工 2388 万人，企业年金基金累计结存 14770 亿元。

五是管理服务网络严密。中央到省、市、县、乡镇（街道）五级社会保障管理服务网络，社会保障卡持卡人数超过 11.5 亿人。利用互联网技术设立信息化综合管理机构，大力开展网上业务。到 2018 年，90% 以上省级和 77% 地市级人力资源和社会保障部门开通网上服务，12333 电话咨询服务实现地市全覆盖。并且随着制度的变迁，社会保障管理体制改革的步伐也不断跟进，由原来分散的管理体制逐步向统一管理、“管办分离”的目标迈进。

四、世界上最有安全感的国家之一

习近平在庆祝改革开放40周年大会上指出，改革开放以来，中国始终坚持在发展中保障和改善民生，社会大局保持长期稳定，成为世界上最有安全感的国家之一。中国历来高度重视国民安全，特别是习近平提出总体国家安全观重大战略思想，始终坚持以民为本、以人为本的“民本”“人本”安全理念，坚持以人民安全为宗旨，完善立体化社会治安防控体系，坚决打击暴力恐怖活动，坚决遏制刑事犯罪高发态势，社会安全得到有效保障；不断推动医药卫生体制改革，加大国家医疗投入，建立健全医疗卫生体系，公共卫生安全取得巨大成就；高度重视生态环境保护，把节约资源保护环境作为基本国策，生态安全不断取得进展；用法律、国际条约践行“尊重和保障人权”，中国人权事业获得长足发展。

（一）社会安全得到有效保障

“平安是人民幸福安康的基本要求，是改革发展的基本前提。”中共十八大以来，中国对深化平安中国建设作了新的战略部署。政法机关深入推进平安中国、法治中国、过硬队伍建设，着力维护社会大局稳定，促进社会公平正义，保障人民安居乐业，开创了政法工作新局面。

2017 年，中国每 10 万人中发生命案 0.81 起，是命案发案率最低的国家之一；严重暴力犯罪案件比 2012 年下降 51.8%，重特大道路交通事故下降 43.8%；人民群众对社会治安满意度从 2012 年 87.55% 上升到 2017 年 95.55%，对政法队伍满意度从 2012 年的 69.43% 上升到 2017 年的 80.24%。

2019 年 4 月 11 日，在第 4 个全民国家安全教育日来临之际，“国家安全教育进校园”主题活动在重庆西南政法大学举行，2000 余名师生参加了活动。

（二）公共卫生安全取得巨大成就

2019 年 5 月 20 日，中国等 5 国共同举办的“从初级卫生保健迈向全民健康和可持续发展目标”主题边会在世卫大会期间召开，中国国家卫健委主任马晓伟在会议上指出，从新中国成立初期建立的县乡村三级医疗卫生保健网和农村合作医疗制度到改革开放以来中国持续强化初级卫生保健服务，提升了基层医疗卫生服务质量和效率。此外，

2016 年 8 月 26 日，中共中央政治局审议通过《“健康中国 2030”规划纲要》，可以看出中国始终将保障人民生命健康作为重中之重，公共卫生事业发展取得明显成效。

新中国成立后，为改变此前医疗卫生差的落后面貌，控制传染病、婴儿死亡率和消灭天花，国家针对鼠疫成立中央防疫委员会和中央防疫总队，针对结核病成立卡介苗接种委员会，针对血吸虫病在江苏、浙江、安徽等血吸虫病流行省分别建立血吸虫病防治专业机构，还建立卫生部流行病学研究所和中央皮肤性病研究所及中央结核病研究所，并在全国范围内建立卫生防疫和妇幼保健专业机构。在中国农村，基本上消灭了常见传染病和地方病。

到 1978 年末，中国共有医疗卫生机构 17 万个，床位数 204 万张，卫生技术人员 246 万人，但医疗卫生事业总体水平依然不高。随着改革开放大幕的拉开，公共卫生事业得到快速发展，公共卫生服务工作由市场化逐渐回归公益性质。2009 年，新的医改方案出台，把有效减轻居民就医费用负担，切实缓解看病难、看病贵作为医改的近期目标，把促进基本公共卫生服务逐步均等化作为主要措施之一。中共十八大以来，中央政府高度重视医药卫生体制改革，包括医疗保障、医疗服务、公共卫生、药品供应、监管体制改革。2015 年，国务院办公厅印发《全国医疗卫生服务体系规划纲要（2015—2020 年）》，为构建与国民经济和社会发展水平相适应，与居民健康需求相匹配，体系完整、分工明确、功能互补、密切协作的整合型医疗卫生服务体系，部署促进中国医疗卫生资源进一步优化配置，推动医疗改革向纵深方向发展。2015 年中共十八届五中全会首次提出“健康中国”概念，之后为了实现“健康中国”的战略目标，国家颁布了一系列文件，包括《“健康中国

2030”规划纲要》（2016年）、《国务院关于实施健康中国行动的意见》（2019年）、《健康中国行动组织实施和考核方案的通知》（2019年）等。

经过70多年的发展，中国公共卫生事业发展迅速，公共卫生领域投入不断加大，医疗科技水平迅速提高，医疗卫生体系建立健全。2018年末，全国共有医疗卫生机构99.7万个，比1949年末增长271倍；卫生技术人员953万人，增长17.8倍。疾病防控能力明显增强，艾滋病、血吸虫病、结核病、肝炎等重大传染病、地方病和慢性非传染病的防治取得积极进展，居民健康状况显著改善。作为衡量一个国家居民健康水平和医疗水平的重要指标，中国婴儿死亡率、孕产妇死亡率大幅下降，平均预期寿命明显延长，婴儿死亡率由新中国成立之初的200‰下降到2018年的6.1‰，孕产妇死亡率从1991年的80/10万，下降到2017年的19.6/10万。居民预期寿命由新中国成立初的35岁提高

北京宣武医院南院区——中国国际神经科学研究所（CHINA-INI）大楼

到2018年的77岁，居民健康水平总体上优于中高收入国家平均水平。

拥有健康的身体是人的基本需求，也是人全面发展的前提。在今天的中国，病有所医已不再是难事，健康保障着人民有尊严地生活。

（三）生态安全不断取得进展

绿水青山就是金山银山。建设生态文明，关系人民福祉，关乎民族未来，环境保护对于国家和人民来说至关重要。随着经济的发展，中国面临愈益严峻的环境压力，环境污染、生态破坏问题日益得到重视。中国秉持“保护生态环境就是保护生产力，改善生态环境就是发展生产力”的理念，出台了一系列环境治理政策，把环境保护作为基本国策，不断改变环保理念、开展历次全国环境保护大会以及努力协调经济增长与环境安全的关系，生态环境治理获得初步成果。

1973年8月，中国召开第一次全国环境保护会议，拉开环境保护工作的序幕。截至2018年，共召开8次会议，体现了国家环保理念和工作思路的不断完善。中共十八大把生态文明建设纳入到中国特色社会主义事业“五位一体”总体布局中，加快生态文明体制改革，坚持节约优先、保护优先、自然恢复为主的方针。2017年，中共十九大更是将“坚持人与自然和谐共生”作为新时代坚持和发展中国特色社会主义的基本方略之一，努力建设美丽中国，实现永续发展。2019年6月，中共中央办公厅、国务院办公厅印发了《中央生态环境保护督察工作规定》，规范生态环境保护督察工作，压实生态环境保护责任，推进生态文明建设，对生态环境保护督察制定工作规定。

中国的环境保护事业取得了令人瞩目的成就。2013年到2017年，中国清退钢铁产能1.7亿吨以上、煤炭产能8亿吨；2018年，水电、核电、风电、太阳能等清洁能源消费量占能源消费总量的比重为22.1%，比

云南西双版纳，勐远仙境热带雨林。

四川达州市通川区磐石镇白鹭自然保护区内的白鹭

1978 年提高 15.5 个百分点；全国首批实施《环境空气质量标准》的 74 个城市 $PM_{2.5}$ 平均浓度比 2013 年下降 42%，二氧化硫平均浓度下降 68%；十大流域劣Ⅴ类水质断面比例比 2013 年下降 2.1 个百分点；第八次全国森林资源清查（2009—2013 年）结果显示，全国森林面积 2.08 亿公顷，森林覆盖率 21.63%，活立木总蓄积 164.33 亿立方米，森林蓄积 151.37 亿立方米，与第一次全国森林资源清查（1973—1976 年）相比，森林面积增加 0.86 亿公顷，森林覆盖率提高 8.93 个百分点，活立木总蓄积和森林蓄积分别增加 69.01 亿立方米和 64.81 亿立方米；截至 2014 年，全国荒漠化土地面积 261.16 万平方公里，沙化土地面积 172.12 万平方公里，与 1999 年相比，全国荒漠化土地面积减少 6.24 万平方公里，沙化土地面积减少 2.19 万平方公里；2016 年，全国累计水土流失治理面积 12041 万公顷，比 2000 年增加 3945 万公顷。

在国际上，中国的环境治理取得的成就，为世界贡献了中国方案和中国经验。2016 年，联合国环境规划署发布《绿水青山就是金山银山：中国生态文明战略与行动》报告，2017 年发布《中国库布其生态财富评估报告》。同时，中国不仅是《联合国气候变化框架公约》的缔约国，也是其坚定的履约国。

生态文明建设是民意所在、民心所向。2013 年 4 月，习近平总书记在海南考察时指出，头顶着蓝天白云，在清洁的河道里畅快游泳，田地里盛产安全的瓜果蔬菜……这些是人民群众对生态文明最朴素的理解和对环境保护最起码的诉求。快速的经济发展带来了环境与生态问题，但国家的治理决心与行动成效让民众相信 GDP 增长与环境安全是可以调和的，相信良好的生产生活环境是可以实现的。

（四）人权事业获得长足发展

改革开放以来，中国的人权事业获得长足发展，人民群众获得实实在在的幸福感、安全感。

1997 年，中共十五大报告提出“尊重和保障人权”；2004 年，“国家尊重和保障人权”被写入宪法；2012 年，中共十八大报告提出“人权得到切实尊重和保障”的新要求；2014 年，《中共中央关于全面推进依法治国若干重大问题的决定》提出“增强全社会尊重和保障人权意识”和“推动全社会树立法治意识”。在实现保障人权目标的具体行动任务上，中国积极响应联合国《维也纳宣言和行动纲领》，先后制定并实施《国家人权行动计划（2009—2010 年）》《国家人权行动计划（2012—2015 年）》和《国家人权行动计划（2016—2020 年）》。

中国在妇女、儿童、老年人和残疾人的权利保障领域取得了巨大成就。根据国家人权行动计划（2012—2015年）实施评估报告，2012—2015年，妇女、儿童、老年人和残疾人权利得到有力保障。妇女享有平等参与国家事务管理的机会，十二届全国人大女性代表比例比上届提高2.07个百分点，达到23.4%；十二届全国人大常委会现有女性委员25人，占委员总数的15.5%；十二届全国政协有女性委员399人，占委员总数的17.84%。针对留守儿童问题，2014年以来，筹集社会爱心资金6700万元，在全国捐建670个“儿童快乐家园”，给予留守儿童更多关爱。老年人的养老服务体系快速发展，截至2015年底，全国共有养老机构和设施11.5万个，比2012年增长151%；居家养老服务设施已基本覆盖城镇社区和50%以上的农村社区，全国养老床位671.7万张，每千名老人拥有床位30.3张，比2012年分别增加了60.9%和40.5%，远超计划预期目标。残疾人权利也得到了保障，截至2015年底，全国建立康复站的社区总数22.2万个，2012—2015年，854.4万残疾人接受社区康复服务，残疾人受教育权利也得到进一步实现，2015年，全国共有特殊教育学校2053所，在校生44.22万人，专任教师5.03万人。

在国际上，中国加入了国际人权条约，积极参与联合国人权事务，认真履行国际人权义务，与其他国家开展人权交流与合作。截至2018年，中国共参加26项国际人权文书，其中包括《经济、社会及文化权利国际公约》《消除一切形式种族歧视国际公约》等6项主要人权文书。自20世纪90年代起，中国陆续与20多个国家建立人权对话或磋商机制，就人权议题展开合作。从人权委员会观察员到成员国再到人权理事会成员，中国已成为国际人权事业的参与者与规则制定的推动者。

图书在版编目（CIP）数据

辉煌中国 / 洪向华主编 . — 北京 : 外文出版社 , 2021.5
ISBN 978-7-119-12221-2

Ⅰ . ①辉… Ⅱ . ①洪… Ⅲ . ①社会主义建设成就 – 中国 Ⅳ . ① D619

中国版本图书馆 CIP 数据核字（2019）第 247123 号

出版指导：陆彩荣
出版统筹：胡开敏
责任编辑：熊冰頔
文字撰写：洪向华　于美丽　张　杨　齐先朴　张仕荣
　　　　　张　培　高明远　胡　婷　赵　柯　等
图片来源：视觉中国　中国新闻社
装帧设计：北京正视文化艺术有限责任公司
印刷监制：章云天

辉煌中国

洪向华 主编

出 版 人：胡开敏
出版发行：外文出版社有限责任公司
地　　址：中国北京西城区百万庄大街 24 号　　邮政编码：100037
网　　址：http://www.flp.com.cn　　电子邮箱：flp@cipg.org.cn
电　　话：008610-68320579（总编室）
　　　　　008610-68996144（编辑部）
　　　　　008610-68995852（发行部）
印　　刷：北京盛通印刷股份有限公司
开　　本：710mm × 1000mm　1/16
字　　数：220 千字　　印　张：20.75
装　　别：平装
版　　次：2021 年 5 月第 1 版第 1 次印刷
　　　　　2021 年 6 月第 1 版第 2 次印刷
书　　号：ISBN 978-7-119-12221-2
定　　价：98.00 元